쓴 뿌리

당신이 하나님을 더 깊이 알아 가고 더 널리 알리는 사람이 되는 것, 이 책에 담긴 예수전도단의 마음입니다. 말씀을 통해 저자가 깨닫고, 원고를 통해 저희가 누릴 수 있었던 그 감동이 책을 통해 당신에게도 전해지기 원합니다. 그리고 당신을 통해 그 기쁨과 은혜가 더 많은 이에게 계속해서 흘러가기를 기도하겠습니다. 이 책을 통해 당신이 받은 은혜를 다른 분들에게도 나눠 주십시오. 사랑하고 축복합니다.

ⓒ 임삼식 2018

본 저작물의 저작권은 도서출판 예수전도단에 있습니다.
저작권법에 의해 보호받는 저작물이므로 무단 전재와 복제를 금합니다.

쓴 뿌리

고장 나고 망가진 우리의 내면 돌보기

임삼식 지음

예수전도단

추천사

○ 사도 바울이 하나님의 사랑이 얼마나 높고, 깊고, 길고, 넓은지 묘사하는 말씀을 읽었을 때 임삼식 목사가 생각났습니다. 그는 위대한 사랑의 사람이었습니다. 저는 임 목사의 친구였다는 사실이 자랑스럽습니다. 그는 자신이 가졌던 자신의 상처와 쓴 뿌리를 만지셨던 하나님의 사랑의 깊이를 알았습니다. 하나님의 사랑이 임 목사를 열방을 치유하는 능력을 가진 주님의 도구로 변화시킨 것입니다. 임 목사는 세계를 순회하며 수많은 사람에게 하나님의 사랑을 드러내는 사도였습니다.

그는 육체의 어려움과 영적인 어려움을 모두 극복한 자였습니다. 그는 명확하게 쓴 뿌리의 원인을 드러내며 어떻게 이 쓴 뿌리가 사람의 사고 패턴과 의지에 영향을 주는지 깊은 통찰을 주었습니다.

이 책은 우울증과 강박증이 사회에서 얼마나 위험한지 드러내는 데 아주 탁월한 책입니다. 무엇보다 이 책은 하나님의 해결책을 준다는 점에서 탁월합니다. 하나님이 어떻게 쓴 뿌리를 사랑과 진리의 뿌리로 바꾸셔서 개개인과 사회를 치유하시는지 보여줍니다.

우리는 쓴 뿌리가 많은 시대에 살고 있습니다. 이 책이 다른 많은 언어로도 번역되어 모든 그리스도인이 읽어볼 수 있게 되길 소망합니다.

오대원 목사(David E. Ross)
한국 예수전도단 설립자

○   꼭 나와야 할 책이 나왔습니다. 임삼식 목사님은 치유 세미나에 있어 최고의 전문 사역자로 오랫동안 삶을 드리셨습니다. 불편한 몸으로 온 세계 구석구석 말씀의 열정을 가지고 불꽃같이 사셨습니다. 세미나가 열리는 곳마다 많은 열매가 있었고, 그것을 직접 눈으로 보았습니다.

본서는 그 열정과 헌신의 열매입니다. 책을 읽다 보면 지금도 임 목사님께서 바로 앞에 서서 말씀을 외치는 듯 생생함을 느끼게 됩니다.

책의 내용은 영혼 치유의 메시지에서 출발하여 결국은 사람들을 건강한 신자들로 세우는 것을 목표로 하고 있습니다. 사람들의 내면을 치료하는 일은 결코 쉬운 일이 아님을 압니다. 그러나 저자의 말씀과 성령 사역의 균형, 이론과 실제의 조화를 이루며 전문성이 돋보이는 내용들을 대하면 금방 신뢰가 가게 됩니다. 읽다 보면 공감을 일으키고, 재미가 있고, 깊이가 있습니다.

놀라운 열매들을 거두었던 임 목사님의 책이 나온 것이 늦은 감은 있으나 적절한 순간에 출판된 것은 기쁜 일이 아닐 수 없습니다. 특히 이 책이 지금 절실한 것은 우리 주변에 상처받은 영혼들이 너무 많기 때문입니다. 이 책을 대하는 사람들마다 그 안에 놀라운 영혼의 회복이 일어날 것을 기대하며 기꺼이 추천하고자 합니다.

이규현 목사
수영로교회 담임

○   "목사님! 왜 책을 쓰지 않으세요? 이렇게 소중한 내용을 사장(死藏)시키시려고 합니까? 목사님이 사역할 수 없을 때는 누가 이런 메시지를 전하겠어요?"

때론 궁금해서, 때론 답답해서, 때론 의무감에서라도 물었을 때에, 김구 선생과 같은 웃음으로 그냥 넘기시더니, 이제야 한미경 사모님의 정성으로 세상에 나왔습니다. 너무 반갑고 고맙습니다.

임삼식 목사님을 통해 내적 치유를 알게 되었고, 예수전도단과도 가까운 관계를 가지게 되었습니다. 5일 동안 아홉 번의 강의로 행해진 내적 치유 사역으로 '내가 알지 못하는 나'를 알아가는 아프고 쓰린 치유와 회복의 시간을 가졌습니다. 목사님의 강의 중에 '쓴 뿌리'라는 용어를 들었을 때에, 내 속에 하나님이 그려 놓으신 원래의 디자인 외에 내 스스로 동굴 속에 기어들어가서 그려 놓은 또 다른 디자인을 발견하게 되었습니다. 온갖 감정이 교차되어 나타났습니다. 놀람, 반발, 짜증, 인정, 수용, 십자기와 사랑. 결국 내면의 상처를 딛고 치유와 회복의 문을 열고 나아갈 수 있는 용기를 얻게 되었습니다.

임삼식 목사님의 유고작인 『쓴 뿌리』에서 마치 생전의 목소리를 듣는 듯합니다. 평소 강단에서 거침이 없이 외치시던 사자후를 생생하게 듣는 듯합니다. 목사님은 내적 치유 사역을 위해 평생을 바치셨습니다. 세계 곳곳 필요한 곳이면 불편한 몸을 이끌고 달려가셨습니다. 가시는 곳곳마다 안타까운 마음으로 외치시던 삶이, 이 책에 고스란히 반영되어 있습니다. 우리 속에 있는 '쓴 뿌리'가 무엇이며, 어떻게 형성되고, 어떤 역할을 하는지를 체계적으로 잘 정리해 놓으셨습니다.

브루스 탐슨의 『다림줄』이 서구인의 눈으로 본 '어른 아이'를 다루고 있다면, 임 목사님의 『쓴 뿌리』는 한국 사람의 정서와 시각으로 '우리 속에 있는 다른 자아'를 드러내고 있습니다. 이 책을 읽는 사람과 읽지 않은 사람 사이에는 분명한 차이가 있을 것입니다. 그것은 '계시의 빛 가운데 쓴 뿌리를 발견하고 진리와 사랑의 뿌리로 자라가는 소중한 자신'입니다. 그리스도인의 손에 꼭 펼쳐져야 할 책으로, 성경 다음으로, 이 책을 추천합니다.

정용성 목사
풍경이있는교회 담임, 『닭장 교회로부터 도망가라!』 저자

○	우리는 모두 고장 난 사람이지만 그것을 모르거나 혹은 의식적으로 덮고 살아갑니다. 책을 읽어가며 나오는 문제들이 남의 일이 아니고, 바로 나 자신이라는 것은 깨달아갑니다. 정도의 차이일 뿐이지 우리 모두가 정신적인 문제를 가지고 있는 것입니다. 저자는 그런 우리를 말씀의 거울로 자신을 비춰보게 하여 내면의 상태를 드러내게 하고, 다시 말씀으로 회복되는 길을 보여줍니다.

하나님께서는 말씀으로 우리를 회복시키십니다. 십자가의 사랑으로 우리를 치유하십니다. 저자는 크신 하나님이 베푸신 은혜의 길로 우리를 인도해 줍니다. 이 책을 통해 함께 하나님의 놀라우신 치유와 회복의 능력을 체험하시기를 바랍니다.

김형희 목사
온누리교회 은퇴목사, BEE KOREA 이사

○	온누리 교회에서 여성사역을 하고 있는 제가 십여 년 전 YWAM 선교사이신 임삼식 목사님을 만난 것은 큰 행운이었습니다. 그분의 삶과 모든 강의 속에는 예수님에 대한 깊은 묵상과 임재의 갈망, 그리고 수많은 상처 입은 영혼들을 향한 안타까운 주님의 마음과 깊은 사랑이 녹아져 있었습니다.

목사님 자신의 삶을 통해 경험한 주님의 치유의 손길과 은혜의 말씀은 늘 저를 포함한 수많은 사람들에게 내면의 상처가 치유되는 경험과 예배회복, 더 깊은 말씀묵상과 기도의 자리로 나아가게 만드는 영적인 나침반이었습니다. 우리 안에 몰래 숨기며 살아가는 쓴 뿌리를 인식하며, 매일매일 정직하게 하나님 앞에 들고 나아가도록 돕는 복음의 실체였습니다.

그분이 지금 우리와 함께 계시지 않는 것이 참 아쉽습니다. 지금도 저희들은 종종 그분의 이야기를 하며 그리워합니다. 그런데 제가 존경하고 사랑하는 임 목사님의 말씀이 책으로 나온다는 소식에 감동하고 기뻐하는 것은, 죽음을 넘어서는 그분의 놀라운 영향력을 다시 한 번 실감하기 때문입니다.

존 맥스웰(John Maxwell)은 "리더십은 영향력이다!"라고 정의합니다. 그 중 가장 높은 단계의 리더십은 그저 존재함만으로도, 이름만으로도 크고 선한 영향력을 미치는 사람이라고 말합니다. 바로 이 책을 통해 죽음보다 강한 하나님의 사랑이 흘러가 힘들고 지친, 외로운 영혼들이 치유와 회복을 경험하게 될 것을 확신합니다. 제가 그랬듯이 이 책을 통해 예수님을 더 깊이 알고, 더 많이 사랑하는 놀라운 은혜가 임할 것을 믿어 의심치 않습니다.

조호영 목사
온누리교회 여성사역본부장

서문

○   이 책은 이 땅에서 58년의 생애를 살다가 하나님 곁으로 떠난 임삼식 목사의 내적치유 강의 중 '쓴 뿌리'에 대한 내용을 담은 책입니다.

저자인 임삼식 목사는 하나님께 자신의 일생을 불꽃으로 드린 사역자였습니다. 2살 때 소아마비를 앓아 육신의 장애를 가지고 있었지만, 영혼은 누구보다 밝고 아름다운 사람이었습니다. 건강한 육체를 가지고도 하기 힘든 여행을 하며, 여러 나라 많은 사람에게 하나님의 말씀을 전했습니다. 35여 년 동안 내적치유 사역을 하며 상처받은 영혼을 위해 눈물로 뜨겁게 기도하던, 귀하고 충성된 일꾼이었습니다.

사실 저자는 생전에 자신의 이름으로 책을 출간하고 싶어 하지 않았습니다. 그가 무엇을 두려워하며 그런 마음을 품었는지 아마 많은 분이 짐작하시리라 믿습니다. 하지만 그런 자신의 결단과 의지마저도 하나님의 인도하심 앞에서는 다 내려놓고 순종하는 본을 보이셨습니다.

한 지인의 말씀이 기억납니다.

"목사님, 발 없는 말이 천리를 가듯이 발 없는 글도 천리, 만리를 갈 수 있잖아요. 책으로 목사님이 가실 수 없는 곳, 만나고 싶어도 만날 수 없는 사람들이 책을 읽으며 치유를 받을 수 있으면 좋겠어요."

지인의 이 말씀이 그대로 이뤄지길 간절히 기도합니다. 부디 이 책을 통해서 상처받고 아파하는 더 많은 영혼이 예수 그리스도 안에서 아름다운 치유를 경험하며 회복되기를 원합니다.

저자이자 제 남편인 임삼식 목사는 그리스도의 향기였습니다. 그리스도의 향기를 품은 아름다운 그리스도의 편지였습니다. 이제 임삼식 목사는 이 땅에 없지만, 이 책을 통해 그 아름다운 향기가 글을 읽는 독자들에게 따뜻한 편지로 전해지길 소망합니다.

이 책이 나오기까지 사랑과 기도로 함께해주신 가족들과 친구들, 목사님들과 도서출판 예수전도단 모든 분께 감사를 드립니다.

마지막으로 임삼식 목사가 생전에 늘 묵상하던 말씀을 나누며 이글을 마칩니다. 고맙습니다.

"또 천사들에 관하여는 그는 그의 천사들을 바람으로,
그의 사역자들을 불꽃으로 삼으시느니라 하였으되"(히 1:7)

저자 임삼식 목사의 아내,
한미경 선교사 드림

목차

추천사		04
서문		10
01	나는 고장 나고 망가졌다	16
02	쓴 뿌리란 무엇인가	42
03	나는 왜 이럴까	82
04	쓴 뿌리의 1단계, 왜곡	112
05	쓴 뿌리의 2단계, 수치심	126
06	쓴 뿌리의 3단계, 두려움	150
07	쓴 뿌리의 4단계, 상실감	166
08	쓴 뿌리의 5단계, 결핍과 집착	176
09	골짜기마다 돋우어지고, 산마다 낮아지며	192
10	그 사랑 앞에 어린아이로 서라	212

01

나는 고장 나고 망가졌다

하나님을 알되
하나님을 영화롭게도 아니하며
감사하지도 아니하고
오히려 그 생각이 허망하여지며
미련한 마음이 어두워졌나니
_롬 1:21

○
01   나는
고장 나고 망가졌다

'묻지마 폭력'이란 말이 있다. '묻지마 폭력'을 행사하는 이들은 특별한 이유나 목적이 따로 없다. 그렇다고 딱히 노리는 대상이 있는 것도 아니다. 그들은 타인에 대한 동정심은 커녕, 양심의 거리낌이나 자책을 느끼지도 않는다. 이처럼 무감각한 상태로 불특정 다수를 무차별 공격하는 것이 바로 '묻지마 폭력'이다. 이 근본 없는 단어가 이제는 우리 사회에 흔한 일이 되어버렸다. 그런데 이러한 일이 우리나라뿐 아니라 미국, 일본, 유럽 등 전 세계에서 빈번하게 일어나고 있다. 이대로 가다가는 이런 폭력이 일상처럼 익숙해질 것 같아 걱정스럽기만 하다.

 더 큰 문제가 있다. 언제 어디에서 무방비 상태로 기습 공격을 당할지 모른다는 두려움 때문에 타인을 향해 적개심을 갖게 된다는 것이다. 거리에서 이상한 낌새가 느껴지는 사람이 보이면

슬금슬금 피하게 되고, 위기 상황에 부닥친 누군가가 도움을 요청해도 애써 못 본 척하기 마련이다. 시비가 붙거나 다툼이 일어났을 때도 멀찍이 떨어져서 구경만 할 뿐이다. 이런 문제가 계속되자 정신적인 문제를 가진 사람들을 따로 격리해서 수용하고 관리해야 한다는 주장을 펴기도 한다. 모든 것이 '미친놈'들 때문에 벌어진 일이니, '묻지마 폭력'을 일으킬 가능성 자체를 원천봉쇄하면 된다는 논리이다.

그런데 과연 그럴까? 우리 눈에 비정상으로 보이는 사람들을 무조건 사회로부터 격리한다고 '묻지마 폭력'이 없어질까? 한 번쯤 곰곰이 생각해 볼 일이다.

사실 모든 사람은 어느 정도의 '자폐증' 성향을 가지고 살아간다. 이는 내 주장이 아니라 심리학이나 정신 의학 분야 전문가들이 하나같이 입을 모아 말하는 사실이다. 이런 성향을 가진 사람은 주로 고집이 세며, 예민하고 괴팍한 성격이 두드러지게 나타난다. 사실 우리가 비정상이라고 생각하는 이들은 다른 사람보다 조금 더 심각한 증상을 보이는 것뿐이다. 그러니 멀쩡해 보이는 사람도 어느 순간에는 타인과 사회에 피해를 주고, 끔찍한 일을 저지를 가능성이 있다는 것이다.

나조차 어찌할 수 없는 내 모습

30년이 훌쩍 넘는 세월 동안 치유 사역을 통해 수많은 사람을 만났다. 그런데 안타까운 것은 상담했던 사람 대부분이 건실하고 행복한 삶을 살아가는 '정상적인' 그리스도인이라는 사실이다.

그들도 겉으로 볼 때는 아무런 문제가 없었다. 그런데 대화를 하다 보면 그들 자신이 전혀 문제가 아닌 것을 문제로 붙들고 있음을 보게 된다. 다른 사람에게는 전혀 문젯거리가 될 일이 아니고, 전혀 그렇게 느낄 필요가 없는데도 그들 스스로 자신을 옭아맨다. 즉 별것 아닌 상황을 관계와 삶을 괴롭히는 문제와 아픔으로 인식하는 것이다. 마치 그 문제와 관련된 어떤 기능이 고장 나고 망가진 것처럼 보였다. 아니면 그 부분만 철부지 어린아이의 상태 그대로 남아 있는 것 같았다. 몸은 다 자라서 이미 어른이고, 나이 또한 쉰 살, 예순 살이 되었어도 그 문제와 관련된 부분이 아직 미숙하고 무지하기 때문에, 건강하지 않은 반응을 한다.

그래서일까. 주변에서 안타까운 일이 참 많이 일어난다. 그도 그럴 것이 고장 나고 망가진 채 살아가는데 어떻게 아무 일 없이 지낼 수 있겠는가. 가정과 교회, 직장과 사회에서 여러 가지 충돌과 혼선이 빚어지는 것이 당연할지도 모른다. 어느 순간에는 그들을 잘 알고 있었다고 자부하던 지인도 깜짝 놀라곤 한다.

"네게 그런 면이 있는 줄 몰랐어."

"당신, 그런 사람이었군. 정말 의외야."

"예전에는 안 그랬는데 왜 이렇게 된 거니?"

"너, 많이 변했어!"

그러나 엄밀히 말하면 변한 것이 아니다. 그동안 안고 살아온 문제가 그대로 드러난 것뿐이다. 더는 그 문제를 자신의 판단과 의지로 통제하고 관리할 수 없게 되었기 때문이다.

무슬림에게 복음을 전하겠다는 비전을 품고 선교를 준비하던 한 청년이 있었다. 그는 예수전도단 간사로 섬기던 중에 자신이 출석하던 교회의 한 자매와 진지하게 교제를 시작했다. 청년은 교회 안팎에서 워낙 신실한 사람으로 인정받고 있었던 터라 교회 사역자와 어른들은 자매에게 한결같이 이렇게 말했다.

"형제님이 자매를 너무 좋아하는 것 같아요. 사랑하는 마음이 눈에 보일 정도라니까요."

"요즘 같은 세상에 저런 믿음을 가진 형제가 또 어디 있겠어요? 저 형제랑 결혼하면 정말 행복할 거예요."

두 사람은 주변의 적극적인 후원과 지지 속에서 사랑을 키워갔고, 교제를 시작한 지 오래 지나지 않아 결혼을 했다.

그리고 얼마 후, 그 형제와 함께 사역하는 간사 하나가 우연히 그 자매와 마주치게 되었다. 그런데 그 간사는 자매의 모습을 보고 말문이 막히고 말았다. 그냥 슬쩍 보기만 해도 알 정도로 자매의 온몸이 멍투성이가 되어 있었다.

"아니, 무슨 일이 있었나요? 사고라도 당한 거예요?"

"아니요, 아무것도 아니에요. 그냥 좀 넘어져서 다쳤어요."

하지만 아무리 봐도 넘어져서 생길 만한 수준의 상처가 아니었다. 이상한 생각에 계속 다그쳐 물었더니, 자매는 부들부들 떨면서 아무 말도 못 하고 눈물만 흘렸다. 알고 보니 형제가 자매에게 손찌검했던 것이다. 그것도 온몸에 멍이 들 정도로 말이다. 도저히 믿을 수 없는 일이었다. 그 형제를 아는 모든 사람이 충격을 받을 수밖에 없었다. 그토록 착한 젊은이가, 그토록 신실한 사역자가, 그토록 자상한 형제가 어쩌면 이렇게 달라질 수 있냐며 안타까워했다.

과연, 정말 그 형제가 한순간에 전혀 다른 사람으로 돌변한 것일까? 결코 아니다. 누구도 그가 그런 사람이라는 것을 몰랐을 뿐이다. 가시적으로 드러나지만 않았을 뿐 그 형제는 자신의 내면에 시한폭탄을 안고 있었다. 도대체 무엇이 문제였을까? 믿음이 연약해서? 아직 젊고 철이 없어서? 영성 훈련이 부족해서? 신학을 하지 않은 선교단체 사역자여서? 훈련된 목회자가 아니어서? 과연 이러한 이유로 그랬던 것일까?

또 다른 사례를 들어보자. 아는 목사님 한 분이 인도로 전도여행을 다녀와서 희한한 간증을 들려주었다. 그분은 중후하고 넉넉한 인격이 신체에도 그대로 드러나는 사람이다. 전도여행을 떠난 곳은 인도의 '벵골'이라는 지역이었는데, 그 목사님 표현에 따르면 '죽고 싶을 정도'의 더위였다. 더위도 더위지만 특히 습도 때문에 몇 배는 더 힘들어 엄청나게 고생을 한 모양이다. 벵골에

비하면 우리나라의 여름 습도는 아무것도 아니라고 열변을 토할 정도였으니 말이다.

목사님의 머릿속은 온통 더위에 관한 생각뿐이었다.

'이 인격 덩어리 몸을 어디다 갖다 붙여야 조금이라도 시원해 질까, 단 3분이라도 좋으니 에어컨 바람 좀 쐬면 좋겠다.'

아무리 투덜거려도 그의 팀이 머무는 마을에는 에어컨이 있는 가정이 하나도 없었다. 게다가 아토피까지 한몫 더해서 흐르는 땀이 그 상처로 들어가니까 엄청 따가웠던 모양이다. 상처 위에 파우더를 뿌렸더니 그만 땀과 파우더가 반죽처럼 섞여서 살이 접히는 곳이 곪아 버리기까지 했다.

목사님의 수난은 해가 떨어진 뒤에도 멈추지 않았다. 밤이면 밤마다 모기들이 덤벼드는데, 그놈들이 나타나면 눈앞이 아득해지더라는 것이다. 정말 말 그대로 앞이 캄캄해졌다. 시야를 가릴 만큼 수많은 모기가 떼로 날아다니니, 손으로 벽을 한 번 치면 손바닥에 모기의 사체가 새까맣게 묻어나올 정도였다. 이런 상황이니 아무리 모기장을 꼼꼼하게 쳐 놓아도 소용이 없었다. 그저 모기의 밥이 되어 맥없이 물어뜯길 수밖에.

그때마다 목사님 안에서는 울화가 치밀어 올랐다. 그러다 보니 생각지도 않았던 욕이 튀어나오기 시작했다.

"이 XX놈. 에이, XX!"

아무리 참고 견디려고 해도, 너무 힘이 드니까 본인도 모르게 그런 말을 하게 되었던 것이다.

대체 얼마나 괴로웠으면, 자신이 전도여행 중인 목회자라는 사실도 잊어버린 채 온갖 짜증과 욕지거리를 내뱉을 수 있을까? 그 고통이 얼마나 컸으면, 예수 그리스도의 제자로 십자가의 길을 걷겠다는 평생의 소원조차 잊을 수 있을까?

그런 자신을 보며 목사님은 스스로 깜짝 놀랄 수밖에 없었다.

'나한테 이런 모습이 있었나?'

그때를 떠올리며 이야기를 전하는 목사님의 표정이 하도 안쓰러워 보여 한마디 위로를 건넸다.

"정말 힘들었겠구나."

"그 전도여행이 얼마나 힘들고 어려웠는지 형님은 상상도 못하실 거예요. 벵골이 있는 방향으로는 제 평생 얼굴도 돌리고 싶지 않다니까요."

"그 정도로 사무쳤던 거야? 그래서 주님이 자네를 아직도 인도에 돌려보내지 않으셨나 보군."

이런 대화가 오가자 목사님이 정색을 하며 목소리를 높였다.

"무슨 말씀이세요? 전 거기 다시는 안 가요. 형님도 절대 가지 마세요. 낮이건 밤이건 내가 왜 여기까지 와서 이 고생을 하나 불평에 원망에 욕지거리까지 하게 된다니까요. 나도 나를 어떻게 할 수가 없어요. 너무 힘드니까요."

한번 생각해 볼이다. 예수 그리스도를 믿고, 그분께 자신의 삶을 드린 신실한 하나님의 사람들에게 왜 이런 안타까운 모습이 나타나는 걸까? 자신도 미처 몰랐던, 자기 자신조차 어떻게 할 수 없는 부정적이고 건강하지 않은 모습이 삶 속에서 걷잡을 수 없이 표출되는 까닭은 무엇일까?

우리가 '쓴 뿌리'에 대해 나누기 전에 먼저 짚고 넘어가야 할 2가지 사실이 있다. (이것이 이 책의 출발점이 될 것이다.)

"나는 고장 났다."
"나는 망가졌다."

이 표현을 어떻게 받아들이겠는가? 나는 현시대를 살아가는 이들이 끌어안고 있는 내적 문제의 원인이 바로 이것이라고 생각한다. '고장 나고, 망가졌기' 때문이다.

먼 옛날 에덴동산에서 일어난 반항과 거역의 사건으로, 우리 모든 인류는 '하나님의 형상'이라는 영적 DNA를 잃어버리거나, 손상을 입었다. 바울 사도는 로마서에서 이런 안타까운 모습을 여러 가지로 표현하고 있다.

> 하나님을 알되 하나님을 영화롭게도 아니하며 감사하지도 아니하고 오히려 그 생각이 허망하여지며 미련한 마음이 어두워졌나니
> (롬 1:21)

> 기록된 바 의인은 없나니 하나도 없으며 깨닫는 자도 없고 하나님을 찾는 자도 없고 다 치우쳐 함께 무익하게 되고 선을 행하는 자는

없나니 하나도 없도다(롬 3:10-12)

모든 사람이 죄를 범하였으매 하나님의 영광에 이르지 못하더니 (롬 3:23)

살다 보면 누구나 똑같이 겪게 되는 일이 있다. 몸이 망가지고, 정서적인 기능이 고장 나며, 건강하게 사고하기가 어렵다. 즉 한마디로 우리는 누구나 '상처받고 아프다'는 것이다.

나는 고장 났다

내면이 고장 나면 어떤 현상이 일어날까? 대부분 예민하고 민감해진다. 자신이 고장 났다는 사실을 인식하든지 인식하지 못하든지, 자신에게 나타나는 증세 때문에 삶 그 자체가 괴로워진다.

그렇다면 고장 난 증세가 우리 삶에서 어떤 식으로 나타날까? 놀랍게도 '묻지마 폭력'처럼 끔찍하고 극단적인 사건으로 나타나는 경우도 있지만, 일상에서 흔히 접하게 되는 모습이 더 많다.

유별나고 까다로운 취향 때문에 타인과의 관계가 원만하지 못한 사람을 본 적 있을 것이다. 지나치게 고집이 세고 말투가 딱 부러져서 사람들이 대화를 꺼리거나, 별일도 아닌데 쓸데없이 자존심 상해 혼자 흥분하며 뒤집어지는 사람도 있다.

완벽주의와 조급증도 고장 났을 때 나타나는 증상이다. 나 역시 그런 성향이 다분하다. 나는 모든 것을 완벽하게, 그것도 미리 챙겨 두는 것을 좋아한다. 예를 들어 비행기를 타러 공항에 간다고 하면, 보통 예상 시간보다 훨씬 더 일찍 출발해야 안심이 된다. 주변 사람들은 시간이 넉넉하니 여유 있게 준비하시라고 말하지만, 내게는 '여유를 부릴 여유'가 없다.

나는 어릴 적 소아마비를 앓아서 목발이 있어야만 걸을 수 있다. 그렇다보니 다른 사람들보다 보행 속도나 거리가 많이 딸린다. 그러니 어디를 가든 사전에 이동 시간과 경로, 주변 환경 같은 사항을 미리 살펴보고 준비할 수밖에 없다. 한발 앞서 완벽하게 챙겨두지 않으면 교통수단을 놓치거나 예약한 시간에 늦고, 동행하는 이들에게 피해를 주게 되니 말이다. 평생을 그렇게 살다 보니, 뭔가 '준비되지 않았다'는 생각이 들면 마음이 불편해진다. 대화든 일이든 마무리하지 않고 대충 넘어감을 용납하기 힘들다.

이와는 반대로 지나치게 무딘 경우도 있다. 어떤 일이나 대상에 대한 적절한 지적, 정서적 인식과 반응이 올바로 이루어지지 않는 증상이 있다. 이를 두고 소위 '불감증'이라고 한다.

만약 지금 눈앞에 시체가 있다고 생각해보자. 얼마나 끔찍하고 무서운가! 머리끝까지 덮인 시트에서 손만 살짝 나와 있어도 "악!" 하고 비명을 지를 것이다. 그런데 미국에는 잘린 인체의 모형을 갖고 다니는 짓궂은 사람이 많다. 일부러 자동차 트렁크를

닫지 않고, 모형 팔이나 다리를 드러내 놓은 채 거리로 나선다. 그러다 교통 신호를 따라 정차하게 되면, 뒤따르는 차의 운전자는 무심코 앞차 꽁무니를 바라보다가 트렁크에 튀어나와 있는 사람의 손을 보게 된다. 백미러를 통해 이를 보고 화들짝 놀란 뒤차 운전자를 보며, 이 일을 꾸민 앞차 운전자는 킬킬 웃어댄다.

비록 모형이긴 하지만, 이런 장면에 계속해서 노출된다고 생각해보자. 그러다가 어느 날 실제로 시체를 보면 어떤 반응이 나올까? 아마 무덤덤할 것이다. 극단적인 예라고 여겨질 수도 있지만 전혀 그렇지 않다. 알고 보면 우리 역시 그만큼 자극적이고 폭력적인 장면에 익숙해져 있기 때문이다. 우리는 텔레비전과 인터넷, SNS 등의 미디어 매체를 통해 막대한 양의 뉴스와 정보를 접하며 살아간다. 그런데 이렇게 접하게 되는 소식 중에는 흉악하고 끔찍한 사건이 너무 많다. 더욱 안타까운 것은 이런 소식을 일말의 연민이나 공감도 없이, 보고 듣고 잊어버리는 우리의 모습이다.

한번은 강남에서 '우울증 치유 세미나'를 열었는데, 지역 특성상 사회 지도층에 속한 분들이 많았다. 참가자 대부분이 하나님을 믿지 않는, 세상에 찌들대로 찌든 중년 남성들이었다. 강의하려고 나가 앉아 있는 사람들의 얼굴을 보니 나도 모르게 깊은 한숨이 나왔다.

그런데 이 세미나에서 엄청난 일이 벌어졌다. 성령의 강력한 역사가 사람들 가운데 임했고, 여기저기서 죄를 고백하는 회개의 기도와 방언이 터져 나온 것이다. 나 역시 세미나를 하는 중에 예수 그리스도를 구주로 영접하고, '성령세례'를 구하는 시간을 갖기는 처음이었다. 생전 처음으로 놀라운 하나님의 역사를 체험한 참가자들은 또 이런 시간을 만들어달라고 아우성이었다.

이 중 상당수는 우리나라 굴지의 대기업에서 높은 자리에 앉아 있는 사람들이었다. 경제적으로나 사회적으로 남부럽지 않은 삶을 사는 이들이었다. 1년에 몇 억씩 연봉을 받아 챙기는 사람들이지만, 세월이 흐르고 나이를 먹을수록 제대로 살아가기 힘든 자신을 발견한 것이다. 얼마나 우울한 일인가. 아무리 많이 가져도 행복하지 않고, 마음이 점점 더 공허해졌다. 자신 안에 있는 무엇인가가 고장 나서 오작동하고 있다는 사실을 깨달은 것이다.

그중에 한 사람은 한 대기업의 중역인데, 오랫동안 강박증으로 고통 받으며 살고 있었다. 강박증은 쉽게 말해서 불안함을 없애기 위해 특정한 생각과 행동을 반복하는 정신 질환이다. 정식 명칭은 '강박 장애'라고 하는데, 대표적인 강박적 행동은 잦은 손 씻기나 숫자 세기, 확인하기, 청소하기 같은 것이다. 이런 행동은 일시적으로 마음을 편안하게 해주기는 하지만, 결과적으로는 불안을 증폭시키고 만다.

이분의 경우에는 달리는 버스나 승용차를 볼 때면, 그 사이로 확 뛰어들고 싶은 충동에 시달렸다. 높은 데 올라가면 뛰어내리고 싶고, 칼과 같이 날카롭고 예리한 물건을 들고 있으면 그것으로 가슴을 찌르고 싶기도 했다. 시도 때도 없이 자살 충동이 불끈불끈 솟아오른다는 것이다. 소름끼치도록 무서운 이야기다. 하지만 사람의 내면이 망가지면 삶에서 이런 문제가 드러나게 되어 있다.

하나님을 믿는 그리스도인은 어떨까? 그래도 불신자들보다는 상태가 낫지 않을까? 하지만 안타깝게도 별로 그렇지 않다. 오히려 불신자들보다 더 자신의 문제를 깨닫지 못한다. 고장 난 상태를 인식하지 못한 채 살아가는 것이다.

이름만 대면 다들 알 만한 대형교회의 주일 낮 예배 설교자로 초청된 적이 있다. 당시 그 교회에 담임목사님이 안 계신 상태였다. 새로운 분을 모시기 위해 적임자를 물색하던 와중에 내게 주일 설교를 부탁한 거다. 나중에 알고 보니 내 강의를 들었던 누군가가 나를 추천했다고 했다. 그런데 문제는 교회 측에서 날 그리 탐탁지 않게 여겼다는 점이다.

"우리 교회가 어떤 교회인데 '전에 그 목사가 인도하는 수련회에 참석해서 큰 은혜를 받았다.'는 말만 믿고, 다른 시간도 아닌 주일 낮 예배 때 강단을 맡길 수 있습니까?"

뭐 이런 얘기들이 오간 것이다. 어쨌든 나를 설교 강단에 세우는 문제를 놓고 관계자들이 격론을 벌인 모양이다. 결국 인터넷에서 내 강의 동영상을 찾아본 뒤에야 나를 부르기로 합의한 듯했다. 자기들이 잘 아는 다른 대형교회에서도 말씀을 전했던 것을 보니 안심(?)이 된 것이다.

1부 예배가 오전 7시 30분이라서 아침 일찍 교회에 갔다. 수석 부목사라는 분이 나와서 나를 맞아주었다. 그런데 진심으로 환영하지 않는 표정이 태도에 묻어났다. 동영상을 보긴 했어도 '이 양반이 설교를 제대로 할 수 있을까?' 하는 의구심이 생기는 건 어쩔 수 없었던 모양이다. 나를 강사로서, 설교자로서 신뢰하지 않는 것이 뻔히 보였다.

그러한 불신(?)을 무릅쓰고 1부 예배 말씀을 전했고, 하나님께서는 그 와중에도 성도들에게 큰 은혜를 주셨다. 예배를 마치고 나오니 아까 그 수석 부목사의 태도가 180도 달라져 있었다. 처음 만났을 때와는 달리 내게 연신 굽신거리는 것이 아닌가. 그를 보면서 너무도 안타까웠다. 누구나 알 만한 대형교회의 수석 부목사 정도 되는 이가 조건과 외모를 따져 사람을 평가한다는 사실이 참 가슴 아팠다. 그는 자신의 그런 생각과 태도가 건강하지 않다는 사실조차 자각하지 못했을 것이다. 종교와 신앙이라는 영적 분위기에 파묻혀 살다 보면, 고장 난 부분까지도 교묘히 포장되기 마련이다. 이 역시 무서운 일이다.

많은 사람이 이런 질문을 하곤 한다.
"목사님, 어떻게 해야 하나님의 음성을 들을 수 있습니까? 어떻게 해야 하나님의 뜻을 알 수 있습니까?"
그때마다 나의 대답은 동일하다.

> "하나님이 만드신 영혼의 기능이 고장 나지 않았다면, 하나님의 음성을 들을 수 있습니다."

내면이 고장 난 사람은 하나님의 음성을 들을 수 없다. 그렇다면 어떻게 해야 할까? 더 확실하고 체계적인 '하나님의 음성을 듣는 12단계'가 필요한 걸까?

만약 휴대폰이 무선 인터넷을 잘 잡지 못한다면, 두 가지 가능성을 생각할 것이다. 첫 번째는 무선 인터넷 공유기가 근처에 없거나 있어도 제대로 작동하지 않는 것이고, 두 번째는 휴대폰이 고장 난 것이다. 그런데 성경은 하나님이 우리와 늘 함께하시며, 끊임없이 말씀하는 분임을 증언하고 있다. 이는 곧 무선 공유기에는 아무런 문제가 없다는 얘기다. 그렇다면 뭐가 잘못된 걸까? 우리 안에 하나님의 임재를 경험하고, 그분의 음성에 귀 기울이는 기능이 고장 난 것이다.

하나님의 음성을 듣고 그분의 뜻을 분별하는 길은, 효과적인 방법을 배우는 것이 아니라 '내면의 건강'을 되찾는 것이다. 즉 치유되어야 한다. 정상적으로 작동하는 휴대폰은 가만히 두어도 자동으로 무선 인터넷을 인식한다. 우리도 마찬가지다. 내면이 건강하면 언제 어떤 상황 속에서도 하나님의 음성을 감지하고, 귀 기울이게 된다.

그런데도 고장 난 심령은 외면한 채 끝까지 '하나님의 음성을 듣는 12단계'를 가르쳐달라고 물고 늘어지는 사람들이 있다. 참으로 안타까울 뿐이다. 인생에서 구원의 확신 다음으로 중요한 것은 나의 내면에서 '무엇이', '어떻게' 고장 났는지를 분별하는 일이다. 스스로 삶을 돌아봐야 한다. 내가 어떤 생각을 하고, 무슨 말을 하며, 왜 그런 행동을 하는지 자가 진단을 해 볼 필요가 있다.

나는 망가졌다

> 그러므로 우리가 낙심하지 아니하노니 우리의 겉사람은 낡아지나 우리의 속사람은 날로 새로워지도다(고후 4:16)

우리는 겉사람과 속사람을 가진 존재이다. 바울 사도는 시간이 갈수록 우리의 '겉사람'은 망가지지만, 속사람은 하나님의 말씀을 듣고 훈련할 때 더 새로운 존재로 변화된다고 말한다. 진리가 우리를 자유롭게 하기 때문이다(요 8:32). 겉사람, 즉 우리의 육체는 무슨 짓을 해도 늙는다. 아무리 좋은 것을 먹고, 꾸준히 건강 관리를 하고, 열심히 운동해도, 늙고 병드는 현상을 막을 방법은 아무것도 없다. 왜 그럴까? 죄를 짓고 타락했더라도 하나님의 형상을 따라 지어진 존재인데, 우리는 왜 시간이 갈수록 망가지고 무너지는 걸까?

지금 주변을 둘러보면, 방 안에 있든 거리에 있든 사방에 놓인 여러 가지 물건들이 눈에 들어올 것이다. 이 모든 것을 누가 만들었는가? 사람이 만들었다. 그런데 이 물건 중에서 시간이 가고 세월이 흘러도 처음 그대로의 모습과 기능을 변함없이 유지하는 것이 있을까? 절대 없다. 모든 물건에는 유통기한이 있고, 수명의 한계가 있다. 수명의 한계가 있다는 것은 사용할 수 있는 기간이 정해져 있다는 말이다. 한 마디로 '영원하지 않다'라는 것이다. 하나님 외에는 그 무엇도 영원할 수 없다. 처음 만들었을 때는 '신상품'이지만, 시간이 지남에 따라 중고가 되고 고물이 된다. 낡기 때문이다. 이처럼 만들어진 것은 영원히 존재할 수 없다. 언젠가는 제 기능을 잃고 '쓰레기'가 된다.

그렇다면 사람은 어떨까? 우리는 '하나님이 나를 만드셨다'는 진리를 믿는다. 그렇다. 하나님께서 우리를 만드셨다. 하나님은 창조주이시고 우리는 피조물, 즉 만들어진 존재이다. 그러므로 우리도 제한된 수명과 겉사람의 노화라는 태생적 한계를 안은 채 살아갈 수밖에 없다. 모세가 시편에 이런 고백을 남겨 놓은 것도 그 때문이다.

> 우리의 연수가 칠십이요 강건하면 팔십이라도 그 연수의 자랑은 수고와 슬픔뿐이요 신속히 가니 우리가 날아가나이다(시 90:10)

모세는 사람의 정해진 수명이 70세에서 80세라고 못을 박았다. 이것이 사람에게 주어진 평균 수명이라는 말이다. 과거에는 '불로장생'의 길을 찾아 헤맸고, 지금은 '무병장수'의 꿈을 좇는 인류에게 절망적인 메시지가 아닐 수 없다. 물론 요즘은 의학기술이 발달하고, 식생활이 월등하게 향상되어 평균 수명이 계속해서 늘어나고 있다. 하지만 '무병·불로·영생'이 불가능한 현실이라는 점은 변함이 없다. 우리는 지어진 존재, 즉 '피조물'이기 때문이다.

수명의 한계와 겉사람의 노화, 이것이 바로 '망가진다'라는 개념이다. 망가진다는 것은 늙는다는 것이고, 신체의 여러 기능이 저하된다는 것이며, 이에 따라 질병에 시달리게 된다. 누구도 이 현상을 피할 수 없다. 태어난 상태를 그대로 유지할 수 있는 사람은 아무도 없다.

세계적으로 잘 알려진 영성가이자 작가인 헨리 나우웬은 『죽음 가장 큰 선물』(홍성사 역간)이라는 책에서 '죽음을 준비하라'라고 말한다. 그리고 죽음을 제대로 준비하려면, 먼저 죽음과 친해져야 한다고도 한다. 모두들 이 죽음과 친해진다는 말에 공감할 수 있을까?

언젠가 한 교회에서 집회를 인도할 때 이런 얘기를 한 적이 있다.

"우리는 모두 죽습니다."

내 말에 아무도 "아멘"을 하지 않았다. 물론 이해가 된다. 그 누가 죽는다는 말에 "아멘"할 수 있겠는가? 죽음을 흔쾌히 받아들이는 건 절대 쉬운 일이 아니다.

많은 사람은 죽음을 '무시'한 채 살아간다. 죽음이 무엇인지, 어떻게 죽어야 할지 한 번도 생각해 본 적 없이 말이다. 죽음에 대해 아는 바가 전혀 없다는 것이다. 그러니 불시에 닥치는 죽음을 두려워할 수밖에 없다. 어떻게든 죽음을 피해 도망치고 싶을 뿐이다.

사형수가 교수형을 당할 때 발산하는 뇌파와 심리적 스트레스를 측정한 실험 결과가 있다. 그 결과를 여러 가지 자료와 비교하던 중에 놀라운 사실을 발견했다. 형장에서 사형수가 발산한 뇌파와 심리 상태가, 산모 뱃속에서 안간힘을 쓰며 빠져나오는 신생아의 그것과 일치한 것이다. 다시 말해서 죽음을 눈앞에 둔 사람과, 세상에 막 태어나는 아기의 상태가 서로 같았다는 사실이다. 둘 다 두려움을 느꼈다. 왜 두려워했을까? 그것은 자신이 지금 어디로 가는지, 앞으로 자신이 어떻게 될지 모르기 때문이다.

헨리 나우웬이 죽음과 친해지라고 말한 것은 그 때문이다. 죽음을 자연스러운 인생의 과정으로 생각할 수 있다면, 더는 두려워하지 않고 행복한 죽음을 맞이할 수 있다.

늙는다는 것이 얼마나 무서운 일인지 모른다. 요즘은 동시대의 코드를 읽지 못하면, 사역은커녕 생활하는 것조차 어려운 세상이기 때문이다. 그래서 사람들은 늙지 않기 위해, 뒤처지지 않기 위해 갖은 몸부림을 친다. 누군가의 도움을 받기도 하고, 이것

저것 검색해 가며 공부도 한다. 가만히 있으면 무뎌지고 녹이 슬어 자연스럽게 망가지니 말이다.

만들어진 것에는 한계가 있고, 모든 사람은 늙고 죽는다. 그러므로 우리는 일찍이 노년과 죽음을 준비해야 한다. 하지만 두려워하거나 근심할 필요가 없다. 그 가운데에도 우리를 향한 주님의 뜻이 있기 때문이다.

19세기 남아프리카의 성자라고 불리는 앤드류 머레이는 이런 말을 했다.

"인간이 겸손해야 할 이유가 무엇인가? 다른 존재에 의해 만들어졌기 때문이다."

이 말이 무슨 뜻인가. 우리는 하나님께서 만드신 피조물이며, 그렇기에 하나님 앞에서 겸손해야 한다는 것이다.

쓴 뿌리를 고쳐 주실 하나님께 나아가라

앞서 내면의 일부가 고장 나고 망가져서 제 기능을 하지 못하는 우리의 모습을 보았다. 이처럼 고장 난 부분을 살피고 점검하는 것이 '쓴 뿌리'를 다루는 출발점이 된다. 왜냐하면 사람의 영과 사고와 감정, 그리고 의지와 육신이 고장 나고 망가졌을 때 '쓴 뿌리'가 드러나기 때문이다. 이 개념만 명확하게 붙들면 '쓴 뿌리'는 의외로 쉽게 치유되고 회복될 수 있다.

　사용하던 휴대폰이 고장 나면 애프터서비스를 받으러 간다. 컴퓨터나 자동차가 고장 났을 때도 마찬가지다. 그런데 이럴 때, 우리는 어떤 사람에게 애프터서비스를 받기 원하는가? 바로 그 분야의 전문가이다. 내가 가져간 물건과 관련된 '모든 문제'를 고치고 해결할 수 있는 사람! 우리는 그들을 찾아간다.

　물건뿐 아니라 몸이 아플 때도 마찬가지다. 몸에 이상이 생기면 우리는 의학치료 전문가인 의사를 찾아간다. 그래야 내게 어떤 문제가 있는지 정확히 찾을 수 있기 때문이다. 진단을 받아야 처방도 받고, 처방을 받아야 약을 먹을지 수술을 할지 아니면 제3의 방법으로 치료할지 알 수 있다. 그렇다면 고장 나고 망가진 우리의 내면을 애프터서비스 받으려면 누구를 찾아가야 할까?

　우리는 살면서 이런저런 일로 마음에 상처를 받는다. 이로 인해 나도 모르는 '쓴 뿌리'가 생기게 된다. 누구나 나도 어떻게 할 수 없는 안타까운 내 모습이 있다. 그런데 더 속상한 것은 아무리 상담을 받고, 기도를 하고, 별짓을 다 해봐도 문제가 완벽하게 해결이 안 된다는 것이다. 그럴 때는 누구를 찾아가야겠는가? 바로 전문가이다. 나와 내 '쓴 뿌리'를 가장 잘 아는 존재를 찾아가야 한다. 나를 만든 분, 내 머리카락까지 세신 바 된 분, 우리 아버지 하나님을 만나야 한다. 이보다 확실한 처방이 또 어디 있겠는가?

"너는 상실감이 크구나."
"너는 자존심이 세구나."
"너는 수치심이 많구나."
"너는 지나치게 욕심이 많구나."
"너는 충분한 사랑이 필요했구나."
"너는 인정받고 싶어 하는구나."

하지만 안타깝게도 하나님을 찾고 구하는 사람은 그리 많지 않다. 다만 여러 권의 치유 관련 서적을 읽고, 치유 집회와 세미나를 쫓아다니고, 전문 사역자에게 상담도 받고, 신령한 은사를 가진 분께 안수기도를 받을 뿐이다. 그런데도 여전히 고통 받는 현실에서 벗어나지 못하는 까닭은 무엇일까?

우리가 생각하는 치유란 무엇일까? 실컷 울어서 답답한 가슴이 후련해지거나, 마음이 뜨거워지는 영적 카타르시스를 경험하는 것이 치유인 걸까? 한없이 눈물을 흘리고, 가슴이 뜨거워지고, 소리를 지르며 뒤집어져 바닥에 나뒹굴어야 치유되는 것일까? 그래야 낫고, 바뀌고, 새로워지는 걸까? 절대 그렇지 않다.

하나님은 우리가 생각하는 정보와 지식을 따라, 우리가 원하는 형태와 방법대로 치료하지 않으신다. 하나님은 오직 그분의 방법으로 '쓴 뿌리'를 치유하신다. 우리는 효과적인 상담 이론과 치유 방법에 목을 매지만, 하나님은 오직 우리의 '변화'에 초점을 맞추신다. 하나님의 치유는 사람의 반응과 아무 상관이 없다. 하하나님이 베푸시는 회복의 역사는 놀라운 이적이나 희한한 현상이 없이도 이루어진다. 참된 치유의 증거는 겉으로 드러나는 반응이나 현상이 아니라, 우리 내면에 견고하게 자리 잡은 믿음이다. 머리로는 알지만, 마음속으로는 섣불리 받아들일 수 없었던 하나님 아버지의 사랑, 예수 그리스도의 복음에 대한 믿음 말이다.

그러므로 복음은 이론이 아니다. 객관적이고 논리적으로 설명할 수 있는 '개념'이 아니라는 말이다. 그래서 복음은 머리로는 이해할 수 없다. 세상의 모든 지식을 머리로 이해할 수 있다 해도, 복음만큼은 그럴 수 없다. 복음은 지식이 아니기 때문이다. 지식이 아니기 때문에 이론화할 수 없다.

그렇다면 복음이란 무엇인가? 복음은 '생명'이다. '진리'이며 '인격'이다. 바로 예수 그리스도의 인격이다. 또한 복음은 '능력'이다. 우리가 믿든 안 믿든, 인정하든 인정하지 않든, 그 능력은 영원하며 변치 않는다. 우리의 쓴 뿌리를 치료할 수 있는 능력도 오직 복음에만 있다. 따라서 복음은 믿고 경험하는 것이다.

복음을 절대 지식으로 생각해선 안 된다. 그러니 겉사람으로 배우고 이해하려 하면 안 된다. 복음을 믿음으로 속사람이 예수 그리스도를 경험하고, 그 영향력이 겉사람에게 흘러가야 한다. 치유의 은혜와 능력은 '안'에서 '밖'으로 흘러가는 것이다. 그럴 때야 비로소 이 세대를 본받지 않고 마음을 새롭게 하여 변화를 받게 되며, 이로써 우리를 향한 하나님의 뜻을 분별할 수 있다.

> 그러므로 형제들아 내가 하나님의 모든 자비하심으로 너희를 권하노니 너희 몸을 하나님이 기뻐하시는 거룩한 산 제물로 드리라 이는 너희가 드릴 영적 예배니라 너희는 이 세대를 본받지 말고 오직 마음을 새롭게 함으로 변화를 받아 하나님의 선하시고 기뻐하시고 온전하신 뜻이 무엇인지 분별하도록 하라(롬 12:1-2)

지식만으로는 죄인이 의로워질 수 없다. 이론만으로는 병자가 치유될 수 없다. 원칙이나 방법론으로는 귀신 들린 자가 자유를 얻을 수 없다. 그러나 죄인이 복음을 받아들이면 의인이 되고, 병자가 복음을 붙들면 병이 낫는 기적이 일어난다. 귀신 들린 자가 복음을 받으면 귀신이 떠나간다. 할렐루야!

누구도 상처를 개념적으로 받는 사람은 없다. 그렇다고 상처를 이론적으로 받지도 않는다. 상처는 가슴으로 받고, 마음으로 받는다. 상처와 아픔은 우리의 사고와 정서로 경험한다. 그런데 어떻게 이런 문제를 이론으로 해결하려 하는가? 절대 그럴 수 없다. 치유와 회복의 역사는 이론으로 되는 것이 아니다.

그러므로 먼저 복음에 대한 뜨거운 열정을 품어야 한다. 또한 그리스도의 놀라운 생명의 역사로 우리의 고통스러운 문제를 해결할 수 있다는 '믿음'을 가져야 한다. 이 책을 읽는 모든 이가 자신의 쓴 뿌리를 치유하고 자유롭게 할, 예수 그리스도의 복음을 깊이 체험하게 되길 간절히 소망한다.

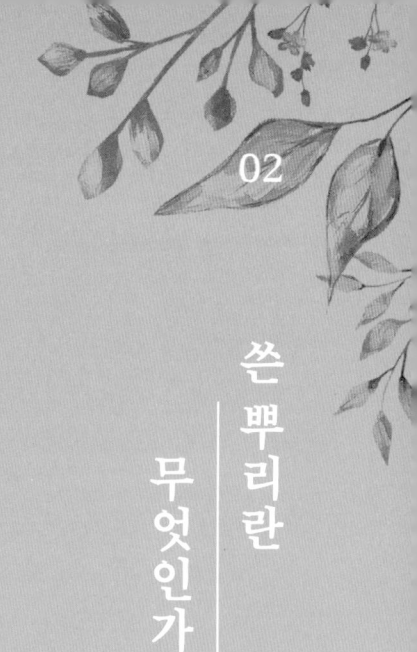

02 쓴 뿌리란 무엇인가

너희 중에 남자나 여자나 가족이나 지파나
오늘 그 마음이 우리 하나님 여호와를 떠나서
그 모든 민족의 신들에게 가서 섬길까 염려하며
독초와 쑥의 뿌리가 너희 중에 생겨서
이 저주의 말을 듣고도
심중에 스스로 복을 빌어 이르기를
내가 내 마음이 완악하여
젖은 것과 마른 것이 멸망할지라도
내게는 평안이 있으리라 할까 함이라

_신 29:18-19

02 쓴 뿌리란 무엇인가

"쓴 뿌리가 생겼어요."
"쓴 뿌리 때문에 그래요."
"쓴 뿌리가 올라와 미치겠어요."

아마 한 번쯤은 누구나 이렇게 말해본 적이 있을 것이다. 그렇다면 쓴 뿌리의 정확한 의미를 알고 있는가? 사실 이 모든 말은 정작 이 말이 하고 싶을 때 나오는 말이다.

"저 상처받았어요."

대부분의 성도는 쓴 뿌리를 '상처'와 같은 의미로 알고 있을 것이다. 하지만 정작 쓴 뿌리가 뭐냐고 물어보면 정확하게 대답할 수 있는 사람은 거의 없다. 대부분은 쓴 뿌리가 무슨 뜻인지도 모르고 이 말을 쓴다. 게다가 쓴 뿌리가 성경에 나오는 단어인지 질문하면, 더 모르겠다는 표정을 짓는다. 오히려 이렇게 되묻기까지 한다.

"쓴 뿌리는 성경에 있는 말 아닌가요? 많이 들어는 봤는데 무슨 뜻인지는 모르겠네요."

성경에는 쓴 뿌리의 정의가 명확히 기록되어 있지 않다. 그러나 우리는 성경에서 쓴 뿌리와 관련된 본문을 자주 발견하게 된다. 성경 구석구석에는 쓴 뿌리를 안고 살아간 이들과 쓴 뿌리로 인해 일어난 사건들이 나오는데, 이는 우리 자신과 이 세상이 쓴 뿌리로 인해 끊임없이 고통받고 있다는 사실을 증명한다. 따라서 쓴 뿌리 치유는 성경에 쓴 뿌리가 어떻게 나타나 있는지, 특히 하나님이 이에 대해 뭐라고 말씀하셨는지 살펴보는 것에서부터 출발해야 한다.

임종을 앞둔 모세의 고별 설교

성경은 쓴 뿌리를 마음에 있는 상처보다 훨씬 더 큰 실체인 '영적인 개념'으로 바라보고 있다. 신명기 29장에 나타난 쓴 뿌리를 이해하려면, 먼저 그 배경이 되는 신명기가 어떤 책인지 알아야 한다.

신명기 29장에서 하나님이 보내신 지도자 모세는 이스라엘 백성을 이끌고 애굽을 탈출한다. 하지만 그들은 불신앙을 고집하다 가나안 입성에 실패하고 만다. 그 결과 40년이라는 긴 시간을 광야에서 떠돌게 된다. 비록 실패의 결과로 주어진 방황의 시간이었지만, 하나님은 40년 내내 이스라엘 백성을 인도하고 돌보셨다. 광야에 머물던 이스라엘 백성은 어떤 민족과 나라도 경험하지 못한 이적과 기적을 맛본다. 바다가 갈라지고, 구름 기둥과 불 기둥이 길을 인도하고, 하늘에서 만나와 메추라기가 내려오고, 바위에서 샘이 터져 나오는 등 기이한 표적이 연속적으로 일어났다.

하지만 안타깝게도 이스라엘 백성은 하나님을 끝까지 신뢰하지 않았다. 여호와 하나님이 어떤 분인지 깨닫기는커녕 갈수록 마음이 강퍅해지고 굳어져서 하나님의 말씀을 거역할 뿐이었다. 결국 이스라엘 백성의 끝없는 불신앙과 불순종에 진노하신 하나님은 강력한 독을 가진 불뱀 떼를 이스라엘 진영에 풀어놓으셨다. 이때 수많은 이스라엘 백성이 목숨을 잃게 된다.

> 백성이 하나님과 모세를 향하여 원망하되 어찌하여 우리를 애굽에서 인도해 내어 이 광야에서 죽게 하는가 이 곳에는 먹을 것도 없고 물도 없도다 우리 마음이 이 하찮은 음식을 싫어하노라 하매 여호와께서 불뱀들을 백성 중에 보내어 백성을 물게 하시므로 이스라엘 백성 중에 죽은 자가 많은지라 (민 21:5-6)

이 안타까운 사건을 겨우 수습한 뒤, 모세와 이스라엘 백성은 가나안 땅이 마주 보이는 요단강 근처에 도착한다. 그런데 이곳에서 이스라엘 백성에게 청천벽력 같은 일이 일어났다. 끝까지 함께 할 줄 알았던 지도자 모세가 세상을 떠난 것이다. 그 사건이 일어난 곳이 바로 '싯딤'이다.

> 그 모든 백성이 요단을 건너가기를 마치매 여호와께서 여호수아에게 말씀하여 이르시되 백성의 각 지파에 한 사람씩 열두 사람을 택하고 그들에게 명령하여 이르기를 요단 가운데 제사장들의 발이 굳게 선 그 곳에서 돌 열둘을 택하여 그것을 가져다가 오늘밤 너희가 유숙할 그 곳에 두게 하라 하시니라(수 4:1-3)

> 여호수아가 또 요단 가운데 곧 언약궤를 멘 제사장들의 발이 선 곳에 돌 열둘을 세웠더니 오늘까지 거기에 있더라(수 4:9)

그 후 모세의 뒤를 이은 새로운 지도자 여호수아는 이스라엘 백성을 이끌고 갈라진 요단강을 건너 꿈에 그리던 가나안 땅으로 들어간다. 그때 하나님이 강바닥에서 돌 12개를 취해서 그들이 건너간 곳에 기념비를 쌓으라고 하신다. 무엇을 기억하는 기념비였을까? 바로 지난 40년 동안 이스라엘 백성이 광야에서 어떻게 살아남았는지, 하나님이 그들을 어떻게 인도하셨는지를 기억하기 위한 것이다. 그리고 그 장소에 '굴러갔다'라는 뜻의 '길갈'이라는 이름을 붙인다. 뭐가 굴러갔다는 것일까? 다름 아닌 광야 생활이 굴러갔다. 이제 광야에서 했던 죽을 고생이 비로소 끝났다는 의미였다. 길갈의 기념비는 광야에서처럼 고생하는 일이 다시는 없을 것을 증명하는 표식이었다. 또한 광야학교 40년을 마무리하는 졸업장이기도 했다(여호수아 4장 참고).

> 여호수아가 요단에서 가져온 그 열두 돌을 '길갈'에 세우고 이스라엘 자손들에게 말하여 이르되 후일에 너희의 자손들이 그들의 아버지에게 묻기를 이 돌들은 무슨 뜻이니이까 하거든 너희는 너희의 자손들에게 알게 하여 이르기를 이스라엘이 마른 땅을 밟고 이 요단을 건넜음이라(수 4:20-22)

이스라엘 백성이 길갈을 향해 갈 때 출발했던 지점이 바로 싯딤이다. 다시 말해서 싯딤은 가나안 입성의 시작점이었다. 그런데 그 시작점에서 누가 죽은 것인가? 이스라엘의 지도자이며 목회자, 상담자, 해결사, 대장이었던 모세였다. 이스라엘 백성에게 '아버지'와 같은 존재였던 모세의 죽음은 아마 모두에게 큰 충격으로 다가왔을 것이다.

하나님은 임종을 앞둔 모세에게 3편의 고별 설교를 준비하게 하셨다. 이는 하나님이 약속하신 땅, 가나안에 들어갈 이스라엘 백성을 위함이었다. 그 내용을 기록한 것이 바로 신명기이다. 신명기는 출애굽 2세대가 '젖과 꿀이 흐르는' 약속의 땅 가나안에서 어떻게 살아가야 할지를 알려 주는 책이다. 따라서 이 책에는 삶의 원칙과 방법이 담겨 있다. 이스라엘 백성이 가나안에서 꾸려가야 할 삶의 모든 것이 신명기에 다 들어 있다. 그중에서도 우리가 살펴볼 29장은 모세의 맨 마지막 설교이다. 이 고별 설교에서 모세는 지난 시간을 되짚으며 백성들의 기억을 되살린다.

> 내가 이 언약과 맹세를 너희에게만 세우는 것이 아니라 오늘 우리 하나님 여호와 앞에서 우리와 함께 여기 서 있는 자와 오늘 우리와 함께 여기 있지 아니한 자에게까지이니 (우리가 애굽 땅에서 살았던 것과 너희가 여러 나라를 통과한 것을 너희가 알며 너희가 또 그들 중에 있는 가증한 것과 목석과 은금의 우상을 보았느니라)
> (신 29:14-17)

모세는 자신의 메시지가 출애굽 2세대뿐 아니라 애굽에서 노예로 붙잡혀 있던 그들의 아버지 세대까지 해당한다고 말한다. 부모는 애굽 땅에서, 자녀는 광야 길을 가던 중에 여러 이방 족속이 만들어 섬긴 '다양한 우상숭배의 대상'을 보았다고 한다. 여기서 본다는 것은 시각이 아니라 '경험'을 의미한다. 즉 이스라엘 전체가 대를 이어 이방의 우상숭배에 가담했다는 말이다.

이 대목에서 성경의 배경을 모르면 쉽게 이해하지 못할 사실이 있다. 아마 이렇게 생각하는 사람도 있을지 모른다.

"아니, 이집트에서야 400년 넘게 노예로 살았으니 그렇다 쳐도 광야에서는 계속 여행만 했는데 언제 다른 민족의 우상숭배에 참여했다는 거지?"

광야 길에서 벌어진 우상숭배

> 이스라엘 자손이 라암셋을 떠나서 숙곳에 이르니 유아 외에 보행하는 '장정이 육십만 가량이요' 수많은 잡족과 양과 소와 심히 많은 가축이 그들과 함께 하였으며(출 12:37-38)

모세를 따라 애굽을 빠져나온 이스라엘 백성이 몇 명이나 됐을까? 유사시에 전쟁터에 나가 온갖 무기를 들고 싸울 수 있는 '장정'만 무려 60만 명이었다(출 12:37). 그렇다면 가족은 전부 놔두고 남자들만 애굽을 빠져나왔다는 말인가? 아닐 것이다. 아마 가족 전부를 데리고 나왔을 것이다. 그런데 왜 남자 60만 명만 기록했을까? 이스라엘은 사람 수를 셀 때 여성과 어린이는 포함하지 않기 때문이다. 따라서 장정 60만 명이 1인당 4명의 가족만을 거느리고 있었다고 가정해도 최소 240만 명 이상의 사람들이 보따리를 싸 들고 광야로 몰려나왔다는 계산이 나온다.

그뿐이 아니다. 이스라엘 백성이 출애굽 할 때 데리고 나온 가축의 수도 엄청났다. 게다가 애굽에 사로잡혀 있던 전쟁 포로와 노예까지 이스라엘 백성을 따라나섰다. 성경은 그런 사람들을

'잡족'이라고 기록한다(출 12:38). 그래서 신학자들은 출애굽한 사람의 숫자가 최소 400만 명 이상은 될 거라고 추측한다. 400만 명이 한꺼번에 이동하는 장면을 한번 상상해 보자. 출애굽기나 민수기, 신명기를 보면 이스라엘 백성이 다른 나라 민족에게 '길을 열어 달라'고 부탁하는 내용이 자주 등장한다. 그런데 대부분의 나라가 이를 거절한다. 왜 그랬을까?

잠깐 문만 열어 주면 해결되는 사안이 아니기 때문이다. 한두 명 들어왔다 나가는 그런 간단한 문제가 아니었다. 자그마치 400만이다. 게다가 사람 말고도 가축까지 한 무리 이동해야 하는 상황이다. 그 정도로 대규모의 무리가 이동하면, 그 나라는 모든 것이 마비될 수밖에 없다. 그러니까 문을 열어줄 수가 없었을 것이다. 아무리 비싼 대가를 지불하겠다고 통사정을 해도 나라 자체가 무너질 수 있는 그런 위험한 일을 누가 허락해 주겠는가?

400만 명 이상이 한 번에 이동했다면 속도는 어느 정도였을까? 매우 천천히 행군했을 거라고 추측할 수 있다. 장애인이나 병자, 노약자들의 이동 속도에 따라 걸었을 것이기에 매우 느릴 수밖에 없었을 터다. 따라서 그들이 지나가는 지역과 나라의 문화, 특히 종교를 충분히 보고 듣고 경험했을 것이다. 그 증거는 무엇인가?

출애굽기 32장을 보면, 시내 산에 올라간 모세는 하나님께 십계명을 받는다. 그러는 동안 이스라엘 백성은 산 아래에서 금송아지를 만들어 예배한다.

> 백성이 모세가 산에서 내려옴이 더딤을 보고 모여 백성이 아론에게 이르러 말하되 일어나라 우리를 위하여 우리를 인도할 신을 만들라 이 모세 곧 우리를 애굽 땅에서 인도하여 낸 사람은 어찌 되었는지 알지 못함이니라 아론이 그들에게 이르되 너희의 아내와 자녀의 귀에서 금 고리를 빼어 내게로 가져오라 모든 백성이 그 귀에서 금 고리를 빼어 아론에게로 가져가매 아론이 그들의 손에서 금 고리를 받아 부어서 조각칼로 새겨 송아지 형상을 만드니 그들이 말하되 이스라엘아 이는 너희를 애굽 땅에서 인도하여 낸 너희의 신이로다 하는지라(출 32:1-4)

하나님이 아닌 다른 대상에게 우상숭배를 한 것이다. 그런데 난데없이 이 금송아지는 어디서 튀어나온 걸까? 이스라엘 문화에 금송아지 같은 것은 없다. 하나님은 이스라엘 백성에게 어떠한 형상도 만들지 말라고 일전에 명령하셨다.

> 나는 너를 애굽 땅, 종 되었던 집에서 인도하여 낸 네 하나님 여호와니라 너는 나 외에는 다른 신들을 네게 두지 말라 너를 위하여 새긴 우상을 만들지 말고 또 위로 하늘에 있는 것이나 아래로 땅에 있는 것이나 땅 아래 물 속에 있는 것의 어떤 형상도 만들지 말며 그것들에게 절하지 말며 그것들을 섬기지 말라(출 20:2-5上)

그렇다면 두 가지 가능성이 있다. 애굽에서 본 우상을 기억해서 만들었거나, 이스라엘을 따라 나온 잡족의 신을 형상화 했을 것이다. 그들이 금송아지 앞에서 자행한 더럽고 추잡한 짓도 그런 영향을 받아 나왔다. 바로 이 사건 때문에 하나님이 이스라엘 백성에게 이렇게 결별을 선언하신다.

"여기서부터는 너희끼리만 가라. 나는 이제 너희들과 같이 안 가련다."

> 여호와께서 모세에게 말씀하셨다. '너는 네가 이집트에서 인도해 낸 백성과 함께 이 곳을 떠나 내가 아브라함과 이삭과 야곱과 그 후손들에게 주겠다고 약속한 땅으로 올라가거라. 내가 한 천사를 네 앞서 보내 가나안족, 아모리족, 헷족, 브리스족, 히위족, 여부스족을 쫓아내고 너희를 기름지고 비옥한 땅에 이르게 하겠다. 그러나 나는 너희와 함께 가지 않을 것이다. 이것은 너희가 고집 센 백성이므로 내가 도중에서 너희를 죽일지도 모르기 때문이다.' 백성들은 이 서운한 말씀을 듣고 슬퍼하며 한 사람도 장식품을 착용하지 않았다.(출 33:1-4, 현대인의 성경)

가만 보니 그들은 우상숭배를 좋아했다. 좋아한 것에서만 그친 것이 아니다. 심지어 우상숭배를 즐거워했다. 그러니까 앞으로도 금송아지 사건 같은 안타까운 일이 재발할 우려가 높았다. 그런데 또 그런 일이 생기면 공의의 하나님이 저들을 그냥 놔둘 수 없지 않을까? 모조리 정리해 버리는 게 맞다. 하지만 그럴 수도 없는 상황이다. 하나님이 이스라엘 백성을 출애굽 시키실 때, 책임지겠다고 약속하시며 데리고 나오셨기 때문이다. 그래서 모세에게 백성을 데리고 가라고 하셨다. 하지만 모세는 결사반대를 하며 하나님이 겨우 마음을 돌리시도록 기도한다. 이때 하나님이 이스라엘 백성에게 명하신 것이 무엇인가?

> 여호와께서 모세에게 이르시기를 이스라엘 자손에게 이르라 너희는 목이 곧은 백성인즉 내가 한 순간이라도 너희 가운데에 이르면 너희를 진멸하리니 너희는 장신구를 떼어 내라 그리하면 내가 너희에게 어떻게 할 것인지 정하겠노라 하셨음이라 (출 33:5)

하나님은 이스라엘 백성이 갖고 있는 모든 장신구를 버리라고 명령하셨다. 그런데 이스라엘 백성은 어떻게 장신구를 소지하고 있었을까? 농경 생활을 했던 그들은 얼굴과 몸에 주렁주렁 치장하지 않았다. 그렇다면 이 장신구들은 어디에서 들어온 걸까? 여러 나라와 민족을 거치는 동안 그들은 우상숭배 문화를 흡수하게 되었다. 주변 민족들의 우상숭배에 영향을 받아 장신구로 단장을 하기 시작했다. 귀를 뚫어 귀걸이를 달고, 손목에 여러 개의 팔찌를 걸고, 이방 민족들이 그들의 신에게 숭배를 할 때 했던 것처럼 짙게 화장을 한 그런 모습으로 광야를 여행했다.

하나님은 그런 이유로 그들의 모든 장신구를 금하셨다. 이것만 봐도 이스라엘 백성이 광야를 떠돌았던 40년 동안 여러 나라로부터 얼마나 부정적인 영향을 받았는지 알 수 있다. 이것이 바로 모세가 고별 설교에서 언급했던 '우상을 보았다'라는 말의 의미이다.

> 내가 이 언약과 맹세를 너희에게만 세우는 것이 아니라 오늘 우리 하나님 여호와 앞에서 우리와 함께 여기 서 있는 자와 오늘 우리와 함께 여기 있지 아니한 자에게까지이니 (우리가 애굽 땅에서 살았던 것과 너희가 여러 나라를 통과한 것을 너희가 알며 너희가 또 그들 중에 있는 '가증한 것'과 '목석'과 '은금의 우상'을 보았느니라)
> (신 29:14-17)

그들 중에 있는 '가증한 것', '목석'과 '은금의 우상'을 보았다고 말씀하셨다. 즉 이스라엘이 우상숭배와 우상 문화를 경험했다는 말이다. 멀리 서서 구경만 한 게 아니라 직접 참여까지 해 버린 것이다. 메마르고 삭막하며 단조로운 광야 생활만 했던 이스라엘 백성에게 새롭고 신기한 이방 문화(특히 종교)는 사막에 단비와도 같이 느껴졌다. 이들은 하나님으로부터 오지 않은 이 우상숭배적인 이방 문화를 마음껏 흡입했다. 좋은 건지 나쁜 건지 신중히 분별하지도 않고 말이다.

구약의 쓴 뿌리, '독초'와 '쑥'의 뿌리

혹자는 쓴 뿌리 이야기를 한다면서 왜 우상숭배에 대해서만 계속 설명하는지 이상하게 생각할 수도 있다. 하지만 말씀을 계속해서 보면 모세는 우상을 섬기게 될 때 어떤 문제가 생기는지 경고하고 있다.

> 너희 중에 남자나 여자나 가족이나 지파나 오늘 그 마음이 우리 하나님 여호와를 떠나서 그 모든 민족의 신들에게 가서 섬길까 염려하며 독초와 쑥의 뿌리가 너희 중에 생겨서 이 저주의 말을 듣고도 심중에 스스로 복을 빌어 이르기를 내가 내 마음이 완악하여 젖은 것과 마른 것이 멸망할지라도 내게는 평안이 있으리라 할까 함이라
> 〈신 29:18-19〉

우상숭배에 빠지면 마음으로부터 하나님을 떠나게 되고, 독초와 쑥의 뿌리가 생긴다. 다른 말로 우상숭배가 쓴 뿌리의 원인이라고 말하는 것이다. 독초와 쑥은 쓰고 독성이 있다는 공통점이 있다. 우리 몸은 쓰고 독성이 있는 것을 먹거나 접촉하게 되면 아프거나 목숨을 잃을 수 있다. 영적, 정서적인 영역에서도 마찬가지이다. 우상숭배로 인해 나타나는 독성은 우리 삶에 부정적이고 파괴적인 결과를 가져온다. 더욱 심각한 문제는 이런 열매를 맺는 근원이 우리 안에 뿌리를 내리고 계속 끝도 없이 자라난다는 것이다. 그것이 독초와 쑥의 뿌리, 바로 '쓴 뿌리'다.

쓴 뿌리는 마음을 정함 없이 떠돌게 한다

상담을 하다 보면 말도 안 되는 일로 괴로워하는 사람을 종종 만나게 된다. 자신의 배우자와 가족이 삶의 최우선이 되어야 하는데, 안타깝게도 다른 데로 마음이 흘러가는 사람들이다. 그런데 문제는 이들이 '내 마음을 나도 모르겠다.'라고 토로하는 것이다.

"안 돼! 이렇게 하면 안 돼!"

마음먹은 대로 결심이 바뀌면 얼마나 좋겠는가. 하지만 자기도 자기 마음을 어찌할 수 없다. 사람의 마음은 정함이 없다. 아침에 다르고, 점심에 다르고, 저녁에 다른 게 사람 마음이다. 한다고 했다가 안 한다고 했다가…. 성경에서도 세상에서 가장 거짓말을 잘하고 변하기 쉬운 것이 마음이라고 말한다.

> 만물보다 거짓되고 심히 부패한 것은 마음이라 누가 능히 이를 알리요마는(렘 17:9)

그 이유가 무엇일까? 부모로부터 물려받은 변덕스러운 기질이나 우유부단한 성격 때문일까? 성장 과정에서 잘못 형성된 태도와 습관 때문일까? 아니면 불안한 상황과 환경 때문일까?

우상숭배에 빠진 이스라엘 백성은 마음으로부터 하나님을 떠났다. 이에 모세는 그들이 모든 민족의 신을 섬기게 되었다고 말한다. 오늘날로 말하면 토요일에는 절에 가고, 주일 오전에는 교회에서 예배드리고, 주일 저녁에는 용하다는 점쟁이를 찾아가는 것과 같다. 오늘은 이 신을 믿고, 내일은 저 신을 믿고, 어떤 날은 또 다른 신을 믿고…. 이 모든 것은 독초와 쑥의 뿌리 때문에 생긴 결과이다. 이런 사람의 내면은 상황과 환경에 따라 갈팡질팡하며, '정함'이 없다.

마음과 삶에 정함이 없는 것은 성격이나 태도가 아니라 하나님과의 관계라는 영적 차원에서 시작된 문제이다. 그러므로 자기 내면의 상태를 점검하기 위해서 맨 처음 살펴봐야 할 것은 상담이나 심리학과 같은 이론이 아니다. 자신에게 먼저 이 질문을 해야 한다.

'내 마음은 항상 주님 안에 있는가?'

내 마음이 주님 안에 있는지는 어떻게 확인할 수 있을까?
다윗은 하나님에 대한 그의 마음을 이렇게 표현하기도 했다.

> 주의 궁정에서의 한 날이 다른 곳에서의 천 날보다 나은즉 악인의 장막에 사는 것보다 내 하나님의 성전 문지기로 있는 것이 좋사오니
> (시 84:10)

악한 자의 호화찬란한 궁전에서 사는 것보다 비에 젖고 바람에 떨어도 하나님의 집에서 문지기로 있는 것이 좋다고 고백하고 있다. 나는 이것이 바로 주님 안에 마음을 둔 사람의 순전한

고백이라고 믿는다. 이는 다른 말로 하나님에 대한 '관심'이라고 표현할 수 있다.

- 나는 하나님께 얼마나 관심이 있는가?
- 그 관심은 늘 변함없이 유지되는가?

주님께서 하나님 나라와 그분의 의를 구하라고 말씀하심도, 하나님께 마음을 두라는 의미로 해석할 수 있다.

쓴 뿌리는 '거짓 위로'로써 자신을 속인다

모세는 쓴 뿌리가 생기면 '거짓 위로'에 빠진다고 말한다. 누군가로부터 저주를 들었을 때 우리 마음속에서 어떤 현상이 일어나는가? 자신을 스스로 축복한다. 이것이 바로 '거짓 위로'이다. 마음에 병이 들면, 이 거짓 위로라도 받고 싶어 하는 게 사람의 속성이다.

요즘 젊은이 중에는 아주 독특한 삶을 살며, 희한한 행동을 하는 사람이 많다. 세상은 방송 매체나 인터넷을 통해 이들의 기이한 버릇과 행동을 소개하며 신기한 시선으로 바라본다. 예전 같았으면 이런 사람들은 정신 이상자 취급을 당했을 것이다.

언젠가 케이블 채널에서 방영된 한 프로그램에서 아주 독특한 장신구를 한 젊은 친구를 봤다. 그는 이른바 '쇠사슬 마니아'였다. 쇠사슬로 허리띠와 팔찌, 발찌, 심지어는 귀고리까지 만들어 걸고 있었다. 곁에 있던 딸이 이렇게 물었다.

"아빠는 이 사람을 보면 무슨 생각이 들어?"

나는 농담 반 진담 반으로 이렇게 대답했다.

"교도소의 영이 충만한 친구로구나. 이렇게 쇠사슬에 충만한 사람은 나중에 어디로 갈까?"

웃자고 하는 말이었지만, 사실 안타까운 마음이 컸다. 그 친구는 왜 그런 복장으로 다녔을까? 튀고, 돋보이고, 주목받고 싶은데 자기를 알아주고 인정해 주는 사람이 없기 때문이다. 그저 남들하고 똑같이 해서는 눈에 띄지 않을 것 같으니까 그렇게 극단적인 형태로 자기를 표현하며 살았던 것이다. 안 그러면 누가 이 사람을 알아주겠는가? 참 슬픈 현실이다.

이게 바로 거짓 위로이다. 위로해 주는 사람이 아무도 없으니까 자기 자신에게라도 위로받겠다는 심산이다. 그러니 자꾸만 자신을 스스로 속일 수밖에 없다. 그것도 점점 더 극단적으로 흘러간다. 분명히 남자인데 과도한 화장을 즐기며, 바지보다 치마를 더 사랑한다. 그렇게 여성처럼 차려입고 거리를 활보한다. 남들이 어떻게 보든, 주변의 손가락질을 받든, 아무런 상관이 없다는 표정이다. 왜 그럴까? 타인으로부터 위로받기를 거절하거나 포기하고, 오직 자기 자신의 거짓 위로에만 매달려 있기 때문이다.

사랑받고 싶고, 위로와 격려를 받고 싶은데 그렇게 해주는 사람이 없으니까 자기 스스로 사랑과 위로와 격려를 끌어당기기로 마음먹은 것이다. 스스로 쟁취하겠다는 심산이다. 그러니까 "젖은 것과 마른 것이 멸망할지라도 내게는 평안이 있다."라며 거짓 위로와 자기 최면에 빠지게 된다.

> 이 저주의 말을 듣고도 심중에 스스로 복을 빌어 이르기를 내가 내 마음이 완악하여 젖은 것과 마른 것이 멸망할지라도 내게는 평안이 있으리라 할까 함이라(신 29:19)

그러니 앞으로는 이런 사람을 대할 때는 '괴짜'나 '화성인'으로 취급하지 말고, 오히려 긍휼히 여겨야 한다. 사실은 이런 사람들이 쓴 뿌리를 안고 있는 슬픈 사람들이다.

쓴 뿌리는 마음을 완악하게 한다

쓴 뿌리의 세 번째 증세는 완악해지는 것이다. 완악하다는 말의 뜻을 이해하려면, 선함이 무엇인지 살펴보면 된다. 선함을 인식하면 완악함은 반사적으로 드러나기 때문이다.

먼저 성경에서 말하는 선함을 살펴보자. 이를 위해서는 우리가 하나님의 형상을 따라 지어졌다는 전제로부터 출발해야 한다. 비록 처음과는 달리 깨어지고 망가졌지만, 우리는 하나님을 닮은 유일한 피조물이다. 따라서 성경이 말하는 선함은 하나님이 뜻하신 대로 사는 것, 그리고 하나님이 주신 기능과 재능을 백 퍼센트 발휘하며 사는 삶을 의미한다.

하나님은 우리를 통해 어떤 일을 이루고자 하실까? 나의 일인가? 아니면 세상의 일, 사탄의 일인가? 바로 하나님이 원하시는 일, 하나님이 하라고 하시는 일이 나타나야 한다. 이것이 하나님의 형상을 닮은 인생의 가장 기본적인 태도이자 성경적 '선함'의 기반이다.

선함의 또 다른 의미는 삶을 살아가기 위해 주어진 기본 기능과 관련이 있다. 하나님은 그분의 형상을 따라 인간을 만드시고, 그들 안에 하나님을 찾고 발견할 수 있는 여러 가지 방법을 마련해 두셨다. 이는 따로 배우거나 익힐 필요가 없다. 누구나 갖고 태어나는 기능들이기 때문이다. 예를 들면 감각이나 직관, 감정, 추리력, 논리적 사고가 그런 기능들에 포함된다. 그밖에도 우리는 하나님이 주신 다른 기능들이 아주 많다. 소위 '감'이나 '촉'이라 불리는 것, 눈치, 순발력, 유머 감각, 민감성, 눈썰미 등이다. 이 모든 기능을 우리에게 주신 이유는 단 하나, 하나님과 그분의 뜻을 찾아가라는 것이다.

다시 말해 성경에서 말하는 선함은 하나님의 뜻대로 사는 것이며, 우리가 가진 기능을 통해 하나님을 알고 그분의 뜻을 추구하는 것이다. 그렇다면 완악해짐은 무엇을 말할까? 하나님이 주신 거룩하고 아름다운 기능으로 엉뚱한 짓을 함이다. 예를 들어 모든 사람에게는 초월적인 영적 존재를 추구하려는 신앙심, 혹은 종교성이 있다. 이것은 하나님을 찾고 발견하도록 주어진 기능이다. 하지만 사람들은 하나님 대신 큰 나무를 찾고, 달과 별을 찾고, 용하다는 역술가를 찾아간다. 그 대상이 누구든 개의치 않는다. 자신의 소원과 소망을 빌고 의지할 수 있으면 그뿐이다.

완악함의 또 한 가지 특징은, 하나님 뜻대로가 아니라 자신이 원하는 대로 살아감이다. 거짓 위로에 중독된 마음은 자신이 원하는 것 외에는 용납하려 하지 않고, 들으려 하지 않고, 행하려 하지 않는다. 자신의 사고방식을 고집하며, 변화를 거부하는 매너리즘에 빠진다. 이것이 바울 사도가 로마서 1장에서 묘사한 타락한 인류의 모습이다.

> 하나님의 진노가 불의로 진리를 막는 사람들의 모든 경건하지 않음과 불의에 대하여 하늘로부터 나타나나니 이는 하나님을 알 만한 것이 그들 속에 보임이라 하나님께서 이를 그들에게 보이셨느니라 창세로부터 그의 보이지 아니하는 것들 곧 그의 영원하신 능력과 신성이 그가 만드신 만물에 분명히 보여 알려졌나니 그러므로 그들이 핑계하지 못할지니라 하나님을 알되 하나님을 영화롭게도 아니하며 감사하지도 아니하고 오히려 그 생각이 허망하여지며 미련한 마음이 어두워졌나니 스스로 지혜 있다 하나 어리석게 되어 썩어지지 아니하는 하나님의 영광을 썩어질 사람과 새와 짐승과 기어다니

는 동물 모양의 우상으로 바꾸었느니라 그러므로 하나님께서 그들을 마음의 정욕대로 더러움에 내버려 두사 그들의 몸을 서로 욕되게 하게 하셨으니 이는 그들이 하나님의 진리를 거짓 것으로 바꾸어 피조물을 조물주보다 더 경배하고 섬김이라 주는 곧 영원히 찬송할 이시로다 아멘(롬 1:18-25).

앞서 말했듯이 많은 사람이 나를 찾아와서 가장 많이 하는 질문은 이것이다.

"목사님, 어떻게 해야 하나님의 음성을 들을 수 있을까요?"

하나님은 우리에게 그분의 마음과 뜻을 느끼고 깨달을 수 있는 능력을 충분히 주셨다. 이것을 진리 안에서 올바로 계발하면, 누구나 하나님의 음성을 듣고 그분이 원하시는 삶을 살 수 있다. 그렇게 되면 기도원같이 특정한 곳에 가지 않아도, 목청껏 부르짖으며 야단법석 떨지 않아도, 환상을 보거나 음성을 듣지 않아도, 충분히 하나님의 뜻을 분별하고 이해할 수 있다. 사실은 그게 정상이다. 꼭 책을 읽고 강의를 들으며 훈련을 받을 필요는 없다. 진리와 성령 안에서 하나님이 주신 귀한 것을 잘 가꾸며 건강한 신앙 공동체의 도움을 받으면 사고력과 직관, 느낌으로도 하나님의 뜻을 알 수 있다. 이게 정상이다. 그러나 그게 안 된다면 지금 우리가 비정상이다.

"제가 환상을 봤어요."

"어떤 목소리가 들렸어요."

"제 치아가 금으로 바뀌었어요."

이런 말에 신경 쓸 필요가 전혀 없다. '저기 가면 뭐가 보이고 들릴까?' 하며 여기저기 기웃거릴 이유가 없다. 그런데 한국 교회와 성도들은 대부분 이런 기능에 대해 오해하고 있거나 무관심하다. 하나님과 깊은 교제 가운데 직통 훈련을 받을 생각은 안 하고, 그저 누군가의 기도 한방으로 화끈하게 문제를 해결하려고 하는 것이다.

변화는 꾸준한 연습과 훈련을 통해 이루어진다. 그러므로 끊임없이 성경을 읽으며 연구하고 묵상해야 한다. 또한 쉬지 말고 기도해야 한다. 즉 하나님 앞에 머무는 시간을 꾸준히 가져야 한다. 이러한 훈련을 반복하다 보면 이해하고, 깨달으며, 변화하게 된다. 처음에는 그리 눈에 띄지 않지만 시간이 갈수록 차츰 열매가 보이게 된다.

하지만 우리는 어떤가?

"모르겠습니다. 지루합니다. 재미없습니다."

이렇게 불평만 늘어놓는다. 그러는 게 당연하다. 지금껏 그렇게 살아오지 않았기 때문이다. 그래서 고비를 극복하지 못하고 얼마 못 가 포기하고 만다.

하지만 세상 노래를 들을 때는 어떤가? 한 소절, 아니 전주만 들어도 감동이 밀려오며 마음이 흔들리지 않는가?

'와, 어쩌면 이토록 아름답게 사랑을 노래할 수 있지?'

옛 생각에 잠겨 눈물까지 글썽인다. 지난주 설교 내용이나 아침에 묵상한 말씀은 잘 생각이 안 나는데, 오래전에 본 영화 대사와 장면은 생생하게 떠오른다. 교회에서 비슷한 메시지를 연달아 들으면 밀려오는 졸음을 참지 못하면서도, 좋아하는 영화나 드라마는 몇 번이고 다시 돌려보아도 전혀 지루하지 않다.

우리는 대체 왜 이럴까? 우리 본성은 그편이 훨씬 더 익숙하기 때문이다. 생각과 마음과 감정이 모두 한쪽으로 치우쳐 버린 탓이다. 더구나 하나님과 그분의 진리, 영적 세계에 대해서는 전심을 다해 반응해 본 적이 별로 없기에 너무나 생소하다. 그러니 어찌 힘들지 않을 수 있는가?

주님은 계속해서 은혜와 사랑을 베푸시는데, 우리는 계속해서 겉돌고만 있다. 자기 욕구와 세상에 대해서는 민감하고 민첩한데, 하나님과 진리에 대해서는 둔감하고 무감각하게 반응한다. 하는 일이 계속해서 실패하면 그저 일이 잘 풀리게 해달라고 기도할 뿐, 그 속에 담긴 하나님의 뜻이 무엇인지는 절대 묻지 않는다. 그동안 꾸준히 건강관리를 했는데도 병에 걸리면 무작정 낫게 해달라고 기도할 뿐, 그 상황을 허락하신 하나님의 섭리는 묵상하지 않는다. 배우자와의 관계가 어려워지면 '내가 왜 저 인간하고 결혼했지?' 하며 후회할 뿐, 그 문제를 가지고 하나님께 나아갈 생각은 하지 않는다. 자녀가 자꾸만 속을 썩이며 곁길로 빠질 때면 '내가 저걸 낳고 미역국을 먹었다니….' 하며 한탄할 뿐, 그것이 자녀를 다스리기 원하시는 하나님의 경고라는 점은 단 한 번도 숙고해 보지 않는다.

하나님의 뜻을 빨리 깨달아서 회개할 것은 회개하고, 붙잡을 것은 붙잡고, 버릴 것은 버리며 제자리를 찾아야 하는데, 회개는커녕 엉뚱한 방향과 방법으로 해결책을 모색하다가 기어코 일을 그르치고 있지는 않는가? 하나님은 우리에게 선한 기능을 주셨지만, 그 기능을 제대로 계발해 본 적이 없으니 도리어 힘들기만 하다. 반면 태어나면서부터 익숙하게 접한 세상 문화에는 갈수록 깊이 빠져들어 간다.

이처럼 느끼지 말아야 할 것을 느끼고, 보지 말아야 할 것을 보니까 하나님의 음성을 듣고 싶어도 안 들린다. 들을 수가 없는 것이다. 간혹 들었다고 해도 엉뚱하게 해석하기 일쑤이다. 우리가 '자동적으로' 하나님의 뜻 대신 세상을 좇아 달려가는 것은 모두 그 때문이다.

쓴 뿌리는 하나님의 은혜에 이르지 못하게 한다

> 너희 중에 남자나 여자나 가족이나 지파나 오늘 그 마음이 우리 하나님 여호와를 떠나서 그 모든 민족의 신들에게 가서 섬길까 염려하며 독초와 쑥의 뿌리가 너희 중에 생겨서 (신 29:18)

신명기 29장을 통해 살펴본 쓴 뿌리의 특징은 크게 두 가지로 설명할 수 있다. 간략히 말하면, 하나님을 부정한 채 '더러운 삶'을 살게 하는 것이다. 이번에는 성경에서 유일하게 쓴 뿌리를 명확히 언급하고 있는 히브리서 12장을 살펴보자. 이 말씀에도 쓴 뿌리의 안타까운 모습이 나타나 있다.

> 너희는 하나님의 은혜에 이르지 못하는 자가 없도록 하고 또 쓴 뿌리가 나서 괴롭게 하여 많은 사람이 이로 말미암아 더럽게 되지 않게 하며 음행하는 자와 혹 한 그릇 음식을 위하여 장자의 명분을 판 에서와 같이 망령된 자가 없도록 살피라 너희가 아는 바와 같이 그가 그 후에 축복을 이어받으려고 눈물을 흘리며 구하되 버린 바가 되어 회개할 기회를 얻지 못하였느니라 (히 12:15-17)

히브리서 기자는 '하나님으로부터 마음이 멀어진다'라는 표현(신 29:18 참고)을 더욱 직설적으로 표현한다. 바로 하나님의 은혜에 이르지 못한다고 표현하고 있다(히 12:15). 주의 이름을 부르면 '누구나' 구원을 받고, 예수 그리스도 안에 있으면 '누구든' 새로운 피조물이 되는 하나님의 무조건적인 사랑과 은혜에 닿지 못하는 사람이 있다고 말한다.

우리는 기독교 신앙에서 은혜가 얼마나 중요한지 알고 있다. 우리는 모두 은혜로 구원받았다. 또한 성령도 은혜로 받았다. 우리가 하나님 앞에 나아가 그분과 교제하고 동행할 수 있는 것도 은혜 덕분이다. 요한 사도는 이렇게 말한다.

> 말씀이 육신이 되어 우리 가운데 거하시매 우리가 그의 영광을 보니 아버지의 독생자의 영광이요 은혜와 진리가 충만하더라 우리가 다 그의 충만한 데서 받으니 은혜 위에 은혜러라 (요 1:14, 16)

요한 사도는 은혜와 진리를 궁극적으로 어떻게 설명하고 있는가? '은혜 위의 은혜'라고 표현했다(요 1:16). 은혜 위의 은혜란 무엇을 말하는가? 아버지 품에 계신 독생자 예수 그리스도, 은혜와 진리로 충만하신 그분(요 1:14)이 우리에게 오셨음을 말한다. 하나님, 곧 진리이자 말씀이신 주님이 육신을 입고 우리 가운데 오셨다. 그래서 우리가 누구인지, 하나님이 어떤 분인지, 하나님과 우리가 어떻게 화목할 수 있는지, 우리가 이 땅에서 어떻게 살아야 할지 몸소 보여 주셨다. 그리고 죄 없는 자신의 몸을 내어 주셔서 이 모든 것을 우리 삶에 성취하셨다. 요한 사도는 바로 이것이 은혜 위의 은혜, 즉 최고의 은혜라고 말한다.

- 이 은혜를 받으면 내가 지금 어디에 있어야 하는지 알게 된다.
- 이 은혜를 받으면 내가 지금 무엇을 해야 하는지 알게 된다.
- 이 은혜를 받으면 하나님 앞에 있어야 할 이유를 깨닫게 된다.
- 이 은혜를 받으면 하나님의 것을 하나님의 것으로 인정할 수 있다.
- '나'라는 존재가 온전히 주님의 것임을 선포할 수 있게 된다.

그런데 이 은혜를 받지 못하면 어떻게 되는가? 내가 어디에 있어야 하는지, 무엇을 해야 할지 모른다. 왜 내가 하나님 앞에 있어야 하는지, 왜 나의 소유와 존재 전부가 하나님의 것인지 이해할 수 없다. 왜 그런 것일까?

포항에 있는 한 대형교회에 말씀을 전하러 갔을 때의 일이다. 연세 지긋하신 할머니 권사님이 200분 정도 앉아 계셨다. 설교를 시작하면서 이런 질문을 던졌다.

"권사님들, 여러분은 누구 겁니까?"

두 번 생각할 것도 없이 바로 대답이 터져 나왔다.

"주님 것이죠. 할렐루야!"

반응이 아주 폭발적이었다. 이번에는 맨 앞줄에서 열렬히 반응하시는 권사님 한 분을 콕 집어서 이렇게 물었다.

"권사님, 권사님은 주님의 것이죠?"

그러자 그분은 반사적으로 "아멘!"을 외치셨다. 나는 다시 질문했다.

"그러면 권사님이 갖고 계신 돈은 누구 거예요?"

그 권사님은 의외의 질문에 놀라셨는지 흠칫 놀라며 이렇게 대답하셨다.

"어…. 그건…. 죄송하지만, 돈은 제 거예요."

정말 난감한 상황이 아닌가? 그래서 재차 물었다.

"아니, 권사님. 권사님은 주님 것이라면서요?"

"어…. 그거야 그렇죠. 저는 주님 거 맞아요."

"그런데 권사님이 가지고 있는 돈은 누구 거예요?"

"어…. 그래도 그건 제 거예요."

내 본래 성향이 흐지부지 넘기는 편이 아닌지라 그 권사님 말을 끝까지 물고 늘어졌다. 똑같은 질문을 무려 10번이나 했다. 결국 나중에는 그 권사님이 엉엉 우셨다. 의외의 반응에 나도 깜짝 놀랐다. 급기야 여전도사님이 달려와서 위로하고 달랜 후에야 권사님은 겨우 진정이 되었다. 집회를 마친 후, 그분을 따로 만나 사정을 들어봤다.

"영감이 세상 떠나면서 돈은 누구한테도 주면 안 된다고 그랬어요. 자식새끼한테도 주지 말라고 하고 갔어요."

"왜요? 영감님은 권사님한테 왜 그런 말씀을 하셨을까요?"

권사님의 사연인즉, 남편이 생전에 유언처럼 이런 말을 했다고 한다.

"여보, 당신 눈 감을 때까지는 이 돈 절대 아무한테도 주면 안 돼. 그걸 당신이 끝까지 쥐고 있어야 무심한 자식놈들이 계속 찾아와서 들여다보고 챙겨줄 거 아닌가? 그 돈이 당신을 지켜 줄 유일한 무기야. 재산 내주고 나면 저 애들이 당신을 현대판 고려장 시킬지도 몰라."

권사님도 가만 생각해 보니 남편 말이 일리 있게 느껴졌다고 한다. 게다가 남편 없이 보내야 할 노후 생활이 두렵기도 했을 것이다. 그런데 웬 목사 하나가 와서 가진 돈이 누구 거냐고 자꾸 물어 대니까 괴로웠다.

나는 다시 물었다.

"권사님이 주님 거면 돈은 누구 거예요?"

이에 권사님은 정색하며 소리치셨다.

"죽은 영감이 절대로 돈을 주면 안 된다고 했다니까요!"

그러나 할머니 권사님은 결국에는 이렇게 고백하며 대성통곡하셨다.

"제가 가진 돈도 전부 주님 것입니다."

이처럼 마음이 두려움과 염려와 근심에 사로잡혀 있으면, 아무리 놀라운 역사의 자리에 와 있어도 하나님의 은혜에 이르지 못한다. 우리는 이를 꼭 기억해야 한다. 히브리서 12장에 기록된 쓴 뿌리의 첫 번째 모습은 하나님의 은혜에 이르고 싶어도 이를 수가 없다는 것이다.

쓴 뿌리는 다름(difference)을 견디지 못하게 한다

다음으로 살펴볼 쓴 뿌리의 모습은 '괴로움'이다. 히브리서 기자는 이 괴로움이 많은 사람을 더럽힌다고 기록한다. 그런데 영어 성경을 보면, 더럽힌다는 것은 '말썽(trouble)을 불러일으키고 거룩한 것을 더럽힌다'라는 뜻이다. 여기에서 말썽은 '갈등'을 의미한다. 즉 괴로움은 사람과 사람 사이의 갈등에서 비롯된다. 소위 '코드가 다른' 사람들이 만나서 서로 부딪힐 때 느껴지는 아픔과 스트레스를 의미한다. 서로 달라도 너무 다르니 안 맞는 것이다.

참 슬프지 않은가? 옷을 입으려면 옷이 몸에 맞아야 할 텐데 말이다. 우리는 자신도 모르게 사람을 고르고 평가한다. 일할 때, 대화할 때, 교제할 때, 배우자를 찾을 때 신중해진다. 나와 맞는 사람, 동감하고 공감해 주는 사람을 찾는다. 마음이 안 맞으면 참 힘들다. 그것처럼 답답한 것도 없다.

통계청 자료에 따르면 우리나라는 지난 10여 년간(2008년~2017년) 총 113만 9,300쌍의 부부가 이혼했다. 월평균으로는 약 9,564쌍이 이혼한 셈이다. 우리나라가 이혼율이 높은 이유는 '기성복'을 사 입기 때문이라는 말을 들은 적이 있다. 체형과 신장은 각각 다른데, 모두 하나같이 기성복만 사 입으니 옷이 몸에 안 맞는다는 것이다. 그래서 이 옷이 아니다 싶으면 미련 없이 훌렁 벗어던지고 다른 옷으로 갈아입는다. 하지만 그 옷마저 안 맞을 확률이 높다. 결혼 생활을 안 맞는 옷처럼 느끼는 가장 큰 이유는 무엇인가? 바로 '성격 차이'이다. 우리는 다른 것을 어려워한다. 다름을 틀린 것, 불편한 것, 피해야 할 것으로 인식하기 때문이다.

나는 미국에 살았기 때문에 한국에 들어오려면 10시간이 넘게 비행기를 타야 한다. 그런데 한국 사람은 그렇게 오랜 시간 비행기를 함께 타고 오는데도 절대 인사를 하지 않는다. 눈길 한번을 안 준다. 올림픽에서 '옆 사람 외면하고 낯선 사람 모른 척하기' 종목으로 경기를 하면 아마 한국이 금메달을 휩쓸 것이다. 그만큼 대단한(?) 민족이다. 그래서 나는 같은 비행기에 한국 사람이 있으면 쫓아가서 먼저 인사를 건넨다.

"안녕하세요. 여행 중이신가 봐요?" 아니면 "안녕하세요. 입국이십니까, 귀국이십니까?"

그러면 한국 승객은 대부분 매우 불쾌하다는 표정으로 나를 쳐다본다.

'넌 누군데 그런 걸 시시콜콜 묻고 있냐? 귀찮아서 너랑 말 섞고 싶지 않으니까 그냥 네 자리로 돌아가.'

이런 사람에게 말 한번 잘못 걸었다간 큰일 날 수 있다. 한 번은 공항 자동판매기에서 음료수를 뽑았는데, 오작동 때문에 같은 음료가 2개 나왔다. 마침 같은 비행기를 탔던 사람이 지나가길래 "선생님, 잠깐만요!" 하고 불러서 음료수 1개를 건넸다. 어차피 나는 1개만 마시면 되니 말이다. 그런데 이분이 내가 준 음료수를 받았을까, 안 받았을까? 역시 받지 않았다. 혹 독약이라도 탄 건 아닌지 경계하면서 끝까지 거절했다.

쓴 뿌리는 음행하게 한다

요한복음 8장에는 서기관과 바리새인들이 간음하다 붙잡힌 여자를 예수님 앞으로 끌고 오는 장면이 나온다. 성경에서 말하는 간음은 기혼 남녀가 자신의 배우자가 아닌 사람과 합의하고 성관계를 맺는 것이다. 그렇다면 예수님 앞에 끌려온 여자는 상대방과 합의해서, 즉 의도적으로 음행을 저질렀다는 이야기가 된다.

그런데 이상한 점은 예수님 앞에 끌려온 사람이 여자 한 명뿐이라는 사실이다. 간음한 현장에서 잡혔다면 분명히 남자도 함께 있었을 텐데, 왜 여자만 데려왔을까? 간음한 남자는 어디에 있었을까? 남자 혼자 잽싸게 도망치는 바람에, 벗은 몸으로 돌아다닐 수 없는 여자만 붙잡혔다는 해석도 있다. 그러나 나는 남자를 현장에서 즉결처분하지 않았을까 생각한다.

현장을 덮친 사람들이 누구인가? 율법에 정통한 서기관과 바리새인들이다. 모세의 율법은 간음한 자를 사형에 처하라고 명시하고 있다. 게다가 당시 이스라엘은 남성 중심의 가부장적 사회였다. 뭐든지 남자가 먼저 하고, 그다음에 여자가 따라나서야 했다. 모든 일의 책임은 남자의 몫이었다. 그런데도 '여자만' 끌고 왔다는 것은 무엇을 의미하는가? 남자는 간음죄를 물어 현장에서 바로 죽이고, 여자는 예수님을 함정에 빠뜨리기 위한 미끼로 데려온 것이다.

바리새인과 서기관들이 이렇게 할 수 있었던 것은 '현장'을 잡았기 때문이다. 율법에서 아주 중요하게 이야기하는 게 바로 현장이다. 사건이 어디에서 어떻게 벌어졌느냐에 따라 강간인지, 간음인지를 구분한다. 그리고 강간이나 간음이냐에 따라 처벌의 내용과 대상도 달라진다. 그만큼 현장이 중요하다.

어떤 남자가 유부녀와 동침한 것이 드러나거든 그 동침한 남자와 그 여자를 둘 다 죽여 이스라엘 중에 악을 제할지니라 처녀인 여자가 남자와 약혼한 후에 어떤 남자가 그를 성읍 중에서 만나 동침하면 너희는 그들을 둘 다 성읍 문으로 끌어내고 그들을 돌로 쳐죽일 것이니 그 처녀는 성안에 있으면서도 소리 지르지 아니하였음이요 그 남자는 그 이웃의 아내를 욕보였음이라 너는 이같이 하여 너희 가운데에서 악을 제할지니라 만일 남자가 어떤 약혼한 처녀를 들에서 만나서 강간하였으면 그 강간한 남자만 죽일 것이요 처녀에게는 아무것도 행하지 말 것은 처녀에게는 죽일 죄가 없음이라 이 일은 사람이 일어나 그 이웃을 쳐죽인 것과 같은 것이라 남자가 처녀를 들에서 만난 까닭에 그 약혼한 처녀가 소리질러도 구원할 자가 없었음이니라 만일 남자가 약혼하지 아니한 처녀를 만나 그를 붙들고 동침하는 중에 그 두 사람이 발견되면 그 동침한 남자는 그 처녀의 아버지에게 은 오십 세겔을 주고 그 처녀를 아내로 삼을 것이라 그가 그 처녀를 욕보였은즉 평생에 그를 버리지 못하리라 (신 22:22-29)

우리는 성경에 나오는 또 한 가지 사건을 기억한다. 다윗이 아무도 몰래 불건전한 성적 쾌락을 즐기던 현장 말이다. 다윗은 왕궁 옥상에서 목욕하는 밧세바를 훔쳐보다가 은밀히 불러 동침하기까지 했다. 성적 욕구가 죄의 방향으로 흘러간 것이다.

하나님이 '성'(性)을 얼마나 아름답게 만드셨는지 아는가? 하나님께서는 남녀의 성을 통해 한 몸 되는 기쁨과 친밀감을 경험하도록 디자인하셨다. 그러나 앞에서 살펴본 것처럼 그 통로가 왜곡되어, 전혀 엉뚱한 방향으로 작동하기 시작한 것이다. 영화와 드라마에 넘쳐나는 불륜 이야기가 아름답고 애절한 '사랑'으로 느껴지고, 여기에서 한결음 더 나아가 '나도 저런 사랑 한번 해봤으면 좋겠다.'라는 소원으로 자리 잡는다. 그러다가 비슷한 상대를 만나면 실제로 음행을 저지르는 것이다.

더 큰 문제는 따로 있다. 미디어는 불건전한 성적 자극을 쉼없이 토해내고 사람들은 서슴없이 불륜을 저지르고 있는데, 우리는 이 비정상적인 '현장'을 대수롭지 않게 여긴다는 점이다. 이미 익숙해졌고, 깊이 물들었으며, 심지어는 즐기기까지 한다.

뿐만 아니다. 여성 연예인들의 복장을 보면 누가 더 강렬한 자극을 주고, 누가 더 많이 노출할지 경쟁이라도 하는 듯하다. 그들의 복장에 대해 성의 상품화를 논하던 소리도 이제는 거의 사라졌다. 웬만한 것은 아무렇지도 않게 받아들일 만큼, 소위 '야하다'에 대한 우리의 기준이 성장(?)한 것이다. 그래서 오늘날의 사회 정서는 "신이 내린 최고의 예술품인 여성의 몸을 아름답게 표현하는데 외설이나 성의 상품화를 운운하는 것은, 문화 개발도상국적 발상에서 비롯된 저질 평론이다!"라는 입장으로 돌아선 것 같다. 쉽게 말하면 텔레비전에서 노출 수위가 높은 장면이 나올 때, 그것이 지나치게 자극적이라는 생각이 들어도 예전처럼 불편해하거나 부담스러워하지 않는다. 그런 것을 가까이하면 안 된다는 생각에는 여전히 변함없지만 '안 된다'고 주장하는 이유는 많이 달라졌다.

예전에는 하나님이 싫어하시기 때문에 의식적으로 음란과 음행을 경계했다. 이것이 '하나님을 경외하는 마음'이다. 죄를 미워하는 것이 하나님을 사랑하는 것이고, 하나님을 사랑하는 것이 하나님을 경외하는 것이다. 그런데 이제는 하나님을 사랑하고 경외하는 마음 때문에 음란과 음행을 피하지 않는다. 그 행동 후에 자신에게 돌아올 결과가 두려워서 음란과 음행을 경계한다. 하나님이 싫어하시는 일이기 때문에, 그분이 마음 아파할까봐 그런 것이 아니라는 말이다. 그 죄를 지으면 법적으로 처벌을 받거나 가정과 교회, 사회에서 비난받고 매장될까 봐 참는 것이다.

이는 무엇을 뜻하는가? 여전히 음란물을 보고 싶고, 음행하고 싶은 욕구가 있으며, 그런 욕구를 품고 있는 자신이 전혀 잘못되었다고 생각하지 않는다는 의미이다. 들킬까봐 겁이 나서 못 할 뿐, 절대 들통 날 리 없거나 처벌이 따르지 않는 상황에 부닥치면 언제든 그 죄를 저지를 가능성이 크다. 이제는 '죄'를 세상의 모호하고 이기적인 기준에 따라 정의한다. 더는 하나님의 진리를 따르지 않는다. 죄에 대한 개념 자체가 달라지고 있다.

'걸리면 죄, 들키면 죄, 붙잡히면 죄다.

하지만 안 걸리고 안 들키고 안 잡히면 괜찮다.'

'남이 하면 불륜이고 내가 하면 진실한 사랑이다.'

대체 이 정의가 무엇을 뜻하는가? 한마디로 죄를 사랑함이다(잠 52:3). 죄를 사랑하는 마음은 이성을 마비시켜 자기 마음대로 주무른다. 즉 이성을 잃게 만든다. 이건 굉장히 심각한 문제이다.

이 사람들은 무엇이든지 그 알지 못하는 것을 비방하는도다 또 그들은 이성 없는 짐승 같이 본능으로 아는 그것으로 멸망하느니라
(유 1:10)

성경은 이성을 잃어버린 사람이 짐승과 같다고 말한다. 즉 음행은 이성이 마비된 짐승들이 하는 것이다. 본능적으로 죄를 사랑하는 사람에게 '이성'은 하나님이 주신 마지막 교두보와 같다. 그런데 만약 이것마저 놓아 버리면 어떻게 될까? 덜미가 잡혀 처벌을 받고 인생이 매장된다 해도 당장 눈앞의 욕구를 채우기 위해 음행을 저지르게 될 것이다.

망령됨, 하나님 대신 다른 것을 선택하게 한다

히브리서 기자가 제시하는 쓴 뿌리의 마지막 모습은 '망령됨'이다. 우리 안에 쓴 뿌리가 결국 우리를 망령된 모습으로 만든다. 그렇다면 망령됨이란 무엇일까? 이는 "하나님의 영광을 썩어질 사람과 새와 짐승과 기어다니는 동물 모양의 우상으로 바꾸는 것"(롬 1:23)을 말한다. 하나님에 대한 것, 즉 영적 가치와 진리는 외면한 채 세상의 썩어질 것과 잘못된 가치관을 선택하는 모든 행동이 '망령됨'이다.

그 대표적인 인물이 이삭의 아들이며, 야곱의 형인 '에서'이다. 그는 순간의 허기를 견디지 못해 자신에게 주어진 장자의 유업

과 축복을 한 그릇 음식과 바꿔 버린 안타까운 인물이다. 망령된 자의 표본인 셈이다. 바울 사도는 망령됨을 '허망한 것으로 행함'이라고 표현했다.

> 그러므로 내가 이것을 말하며 주 안에서 증언하노니 이제부터 너희는 이방인이 그 마음의 허망한 것으로 행함 같이 행하지 말라 그들의 총명이 어두워지고 그들 가운데 있는 무지함과 그들의 마음이 굳어짐으로 말미암아 하나님의 생명에서 떠나 있도다(엡 4:17-18)

허망한 것을 행하는 이유는 총명이 어두워졌기 때문이다. 총명이 어두워지면서 무지와 굳은 마음이 생겼다. 총명이 어두워진 까닭은 쓴 뿌리로 인해 '지혜와 계시의 영'(엡 1:17 참고)이 가려진 탓이다. 그래서 하나님을 모르고, 자신이 하나님을 모른다는 사실조차 모른 채, 하나님을 알려고 하지도 않는 상태가 되는 것이다. 이런 사람은 하나님이 주시는 은혜를 결코 경험할 수 없다. 그야말로 하나님에 대해 무감각해진다. 정말 좋은 것이 있는데 그것이 좋다는 것조차 느낄 수 없는 것이다. 아무리 좋은 걸 안겨 줘도 좋은 줄 모른다.

나는 DTS 강의를 위해 예수전도단의 여러 지부와 사역지를 자주 방문한다. 그중 강원도 홍천 지부는 자연경관이 빼어나서 방문할 때마다 감격을 금할 수 없다. 산과 숲도 아름답지만, 내가 가장 사랑하는 것은 홍천의 밤하늘이다. 특히 은하수가 가히 예술이다. 그곳 밤하늘을 보면 별이 쏟아질 것 같은 느낌이 어떤 것인지 분명하게 알 수 있다. 감탄이 저절로 나오는 경관이다.

다만 안타까운 점이 있다. 정작 그곳에 사는 사람들은 빼어난 자연경관과 아름다운 밤하늘의 가치를 잘 모른다는 사실이다. 싱그러운 산과 숲을 봐도 무덤덤하고, 별빛 가득한 밤하늘을 봐도 시큰둥하다. 가슴속까지 후련해지는 신선한 공기를 호흡해도 그게 얼마나 좋은 공기인지 모르고 살아가는 사람이 대부분이다. 그토록 좋은 것을 누리고 살면서도 즐길 줄을 모른다. 한마디로 그냥 사는 것이다. 그런 모습을 보고 있으면 참 답답한 마음이 든다. 무슨 재미로 사나 싶다. 작은 일에도 가슴이 따뜻해지고, 감사하는 마음이 샘솟으며, 주변 환경과 사람을 돌아볼 여유가 있어야 할 텐데 말이다. 그게 하나님이 우리에게 주신 '정상적인' 기능이다.

그런데 요즘 우리는 어떤가? 대나무같이 억센 내면, 바싹 메마른 논바닥 같은 마음으로 살아간다. 마땅히 느껴야 할 것을 느끼지 못한 채 마비된 상태로 사는 것이다. 이는 '무감각'이라고도 할 수 있고, '무지함'이라고도 할 수 있다. 우리가 하나님께서 공급해 주시는 것의 진정한 가치를 깨닫지 못한 채, 에서처럼 축복과 영광을 헛되고 찰나적인 것과 바꿔 버리는 망령됨에 빠져드는 까닭은 모두 이 때문이다.

망령됨에 빠지면 두 번 다시 돌이킬 기회를 얻지 못한다. 야곱에게 장자의 축복을 빼앗긴 에서는 눈물을 흘리며 아버지 이삭에게 매달리지만, 아무것도 회복할 수 없었다(창 27장 참고). 뒤늦게 돌이키기에는 너무 큰 실수를 저질렀던 것이다.

이렇듯 히브리서 12장을 통해 살펴본 쓴 뿌리의 특징은 크게 두 가지이다. 첫째는 '무감각하게 마비시킨다는 것', 둘째는 '되는 대로 살게 만든다는 것'이다. 앞서 언급한 신명기 29장의 내용을 통해 말씀 앞에서 우리 스스로를 비춰보길 원한다. 하나님을 떠나 범죄하고 있는 부분은 없는지, 거룩하고 선한 것에 무감각해져 있지는 않은지, 기준과 규모가 흔들리거나 무너진 영역은 없는지 말이다. 그러면 각 개인의 삶 가운데 자리 잡고 있는 쓴 뿌리의 영향력이 얼마나 크고 깊은지 새삼 놀라게 될 것이다.

03

나는
왜 이럴까

뱀이 여자에게 이르되

너희가 결코 죽지 아니하리라

너희가 그것을 먹는 날에는

너희 눈이 밝아져 하나님과 같이 되어

선악을 알 줄 하나님이 아심이니라

여자가 그 나무를 본즉

먹음직도 하고 보암직도 하고

지혜롭게 할 만큼 탐스럽기도 한 나무인지라

여자가 그 열매를 따먹고

자기와 함께 있는 남편에게도 주매

그도 먹은지라

_창 3:4-6

○
03　　　나는
　　　　왜 이럴까

평소 우리는 '상처받았다' 또는 '마음이 아프다'라는 말을 자주 한다. 그런데 이런 표현이 정확히 무엇을 의미하는지 알고 있는가? 내면에 쓴 뿌리가 형성되는 과정을 살펴보면 그 의미를 알 수 있다.

쓴 뿌리는 의식화된 상처다
먼저 '마음이 아프다'라는 말의 의미부터 살펴보자. 누군가의 말과 행동, 상황과 환경을 접할 때, 평소와 다른 아픔이 느껴지는 경우가 있다. 서운함이나 불쾌함처럼 사사로운 감정부터 분노와 미움, 슬픔처럼 격렬한 감정에 이르기까지 그 반응은 다양하다. 그런데 여기에는 두 가지 공통점이 있다.
　첫 번째는 이 모든 반응이 부정적이고 파괴적이라는 점이며,

두 번째는 이들이 전부 '감정'의 한 가지라는 점이다. 결국 마음이 아프다는 것은 정서의 영역에서 나타나는 반응이며, 어떤 일이나 상황에 대해 부정적인 기분이 든다는 말이다. 하지만 기분이 나쁘다고 해서 모든 감정이 다 상처가 되는 것은 아니다. 곧장 화를 내거나 불쾌감을 드러내는 경우도 있고, 속으로 삭이면서 끝날 때도 많다. 그렇다면 상처받는 것은 마음이 아픈 것과 어떤 점이 다른 걸까?

부정적인 감정을 가져다주는 경험 중 일부는 장기적인 기억의 영역에 속하게 된다. 컴퓨터가 데이터를 저장하듯 부정적인 경험을 기억하는 것이다. 그런데 놀라운 것은 이 기억이 '누가 나에게 욕을 했다', '누가 나를 때렸다'라는 식의 단순 묘사나 정보의 형태가 아니라, 당시 일어난 일과 정황이 사진이나 동영상처럼 생생하다는 것이다. 물론 그때 느꼈던 부정적인 감정까지 그대로 함께 담아서 말이다.

물에 빠져 익사 위기까지 갔다가 살아난 적이 있는 사람이 있다. 그 사람은 바닷가나 수영장에 가면 공황 상태에 빠지는 경우가 많다. 위급 상황도 아니고, 위험 요소도 없는데 말이다. 아주 오래전에 일어난 일인데도 그 기억이 떠오를 때마다 당시에 가졌던 감정이 되살아나기 때문이다. 처음 만난 사람에게서 불쾌감을 느끼는 경우도 있다. 예전에 자신과 문제가 있었던 누군가와 닮았다는 이유만으로 그런 감정이 느껴진다. 이미 지나간 과

거의 일이지만, 기억 속에서는 그 사건이 끝나지 않았기 때문이다. 우리의 의지와 상관없이 말이다.

왜 이런 일이 일어날까? 기억 속에 경험뿐만 아니라 감정까지 포함되어 있기 때문이다. 그래서 기억의 폴더를 여는 순간, 그 안에 함께 저장된 감정 파일도 함께 실행된다. 당시에 느꼈던 아픔이 처음 느꼈던 강도 그대로 되살아나는 것이다. 기억 속에서 지워지지 않은 과거는 현재에 끊임없이 고통을 가져오고 부정적인 영향을 미친다. 이때 드러나는 연약한 모습은 자신의 의지로 조절할 수 없다. '상처받았다'라는 것은 바로 이런 상태를 말한다. 그리고 이것이 시간이 지나 굳어지면 쓴 뿌리가 된다. 이처럼 상처가 굳어진 쓴 뿌리는 마음 깊은 곳에 자리 잡는다.

흔히 마음이라고 하면 정서적인 면을 생각하기 쉽다. 그러나 여기서 말하는 마음이란 '사고'(mind)의 영역을 지칭한다. 로마서 12장에서 바울 사도가 '새롭게 하여 변화를 받으라'고 권면한 것과 같은 의미의 마음이다.

> 너희는 이 세대를 본받지 말고 오직 마음을 새롭게 함으로 변화를 받아 하나님의 선하시고 기뻐하시고 온전하신 뜻이 무엇인지 분별하도록 하라(롬 12:2)

이것은 사고방식, 혹은 의식이라고도 말할 수 있다. 바로 자기 자신과 타인, 세상의 존재를 인식하고 이해하는 '틀'인 셈이다.

그런데 틀에 문제가 생기면, 그 틀을 통과함에도 문제가 생길 수밖에 없다. 깨진 안경을 쓰고 사물을 바라보면 어떨까? 검은색 선글라스를 통해 들여다본 세상은 어떻겠는가? 쓴 뿌리는 마치 안경의 렌즈와 같다. 따라서 쓴 뿌리가 마음에 자리 잡으면, 모든 것을 쓴 뿌리(과거의 부정적인 경험과 감정)를 통해 해석하고 판단하며 행동하게 된다.

"자라 보고 놀란 가슴 솥뚜껑 보고 놀란다."라는 속담이 있다. 멀쩡한 솥뚜껑을 보고 깜짝 놀라는 이유가 무엇일까? 솥뚜껑이 왜 하필 자라와 엮이는 걸까? 자라를 보고 놀란 '가슴' 때문이다. 자라 때문에 놀란 기억과 감정이 엉뚱하게도 솥뚜껑을 자라로 보게 한다. 그 순간에는 인식과 이해의 기능이 제대로 작동하지 않기 때문이다. 쓴 뿌리가 사고와 의식에 미치는 영향을 아주 잘 표현해 주는 속담이다.

이처럼 쓴 뿌리가 마음속에 자리 잡으면, 다른 사람의 호의를 호의로 받아들이지 못한다. 성장과 성숙의 기회를 부담과 위협으로 인식하기도 한다. 하나님에 대해서도 마찬가지이다. 부모나 교사, 목회자에 대한 상처와 쓴 뿌리를 가진 사람은 아버지이신 하나님을 예전에 섬긴 권위자와 동일시하는 경향이 있다. 그 때문에 하나님을 향해 두려움을 느끼고 피하게 된다.

영적전쟁을 이야기할 때 흔히 '사탄의 공격'이라는 말을 자주 사용한다. 그런데 우리가 알아야할 것은 사탄이 사람 안에 터를 닦고 집을 짓는다는 사실이다. 사탄은 어디에 집을 지을까? 바로 사람의 '사고'와 '의식'의 영역이다. 바울 사도는 모든 그리스도인이 전쟁 가운데 있으며, 사탄이 사람의 사고와 의식 가운데 견고한 진을 짓고 있다고 말한다.

> 우리의 싸우는 무기는 육신에 속한 것이 아니요 오직 어떤 견고한 진도 무너뜨리는 하나님의 능력이라 모든 이론을 무너뜨리며 하나님 아는 것을 대적하여 높아진 것을 다 무너뜨리고 모든 생각을 사로잡아 그리스도에게 복종하게 하니(고후 10:4-5)

또한 사탄은 우리의 감정과 생각뿐 아니라 기억까지 혼란스럽게 만든다

> 너희는 너희 아비 마귀에게서 났으니 너희 아비의 욕심대로 너희도 행하고자 하느니라 그는 처음부터 살인한 자요 진리가 그 속에 없으므로 진리에 서지 못하고 거짓을 말할 때마다 제 것으로 말하나니 이는 그가 거짓말쟁이요 거짓의 아비가 되었음이라(요 8:44)

나 역시 많은 사람을 만나 상담을 하거나 축사 사역을 하면서 사탄이 쓴 뿌리를 갖고 있는 사람의 생각을 얼마나 교묘하게 미혹하고 훼방하는지 똑똑히 볼 수 있었다. 세상에서 가장 치열한 전쟁터는 사람의 '마음'이다. 그래서 쓴 뿌리 치유는 정서뿐만 아

니라 사고와 의식의 영역까지 다뤄야 한다.

쓴 뿌리는 의식과 사고방식에서 드러난다

쓴 뿌리에 대해 복잡하게 설명하는 이유가 있다. 이 책을 읽는 분들만이라도 정기적으로 자신의 내면을 돌아보고, 쓴 뿌리의 영향을 분별하게 되길 바라기 때문이다. 본인의 의지와 상관없이 반복해서 나타나는 안타까운 모습은 없는지, 만약 있다면 왜 그런지 자가진단을 해 봐야 한다. 쉽지 않은 일이지만 그렇다고 불가능한 일도 아니다.

"저는 어떤 사람인가요?"

다른 사람에게 이런 질문은 한다는 게 솔직히 쉬운 일은 아니다. 게다가 그런 이야기를 나눌 대상 자체가 없는 이도 많다. 그러므로 자신이 직접 내면 상태를 점검하는 것만큼 좋은 치유의 길은 없다. 그러니 스스로 삶의 어떤 영역에서 무슨 문제가 벌어지고 있는지 차근히 돌아볼 필요가 있다. 뭔가 반복되는 문제가 있다면 먼저 자신에게 질문해 봐야 한다.

'혹시 쓴 뿌리 때문에 일어나는 문제는 아닐까?'

그런 후에는 문제를 야기하는 말과 행동의 원인을 찾아봐야 한다.

'나는 그때 왜 그렇게 말하고 행동했을까?'

불편하고 부정적인 감정 때문이라면, 그것과 관련된 과거의 경험을 생각해 볼 수 있을 것이다.

'혹시 이와 비슷한 일을 당한 기억이 있는가?'

이 정도만으로도 쓴 뿌리와 관련된 웬만한 문제를 진단할 수 있다. 여기서 중요한 것은 포기하지 않고, 하나님 앞에서 지속적으로 자신을 살피는 훈련을 거듭하는 것이다.

내 강의를 들은 정신과 의사들은 나에게 종종 이런 질문을 한다.

"대체 그런 내용은 어디서 배우셨습니까?"

그럴 때마다 나는 말없이 성경을 꺼내 보여 준다. 성경에는 (정신의학과 관련하여) 통찰력을 심어 주는 단어, 표현과 구절, 사건이 상당히 많이 나온다. 이를 테면 '속사람'이나 '마음에 숨은 사람' 같은 표현 말이다. 이런 이야기를 들려주면 정신과 의사들은 화들짝 놀란다. 이런 표현이 너무나 기막히다고 모두 얘기한다.

성경에는 분노도 있고, 우울증도 있고, 경계선 성격장애도 있다. 21세기를 살아가는 인간의 온갖 추잡한 모습이 다 들어있다. 따라서 쓴 뿌리를 치유하는 과정에 우리가 참고하고 의지해야 할 나침반과 방향 지시등은 바로 '성경'이다. 하나님이 성경을 통해 알려 주시는 바를 민감히 받아들여야 한다. 오직 성경을 통해서만 숨겨진 내면을 꿰뚫어 볼 수 있는 눈이 열린다.

여기서 한 가지 더 짚어 봐야 할 것이 있다. 이렇게 자가진단을 통해 알게 된 쓴 뿌리와 그 영향을 '어떻게 치료할 것인가' 하는 방법론적 문제이다. 물론 일차적으로는 하나님 아버지의 깊고 놀라운 사랑과 은혜가 부어져야 온전한 치유가 이루어진다. 하지만 분명히 우리가 감당해야 할 몫도 있다. 그것이 바로 '의지의 영역'이다. 사고와 의식 가운데 파고들어와 있는 쓴 뿌리를 제거하려면, 자신의 의지를 하나님께 끊임없이 내어드리며 진리를 좇아야 한다. 그러니 예수님을 믿는 사람일수록 의지가 더욱 견고해져야 한다.

하지만 안타깝게도 한국 교회에는 사람의 의지를 무시하는 가르침이 있는 듯하다. 믿음이 가장 중요하고, 믿기만 하면 다 이루어지고, 믿음으로만 승리할 수 있다고 말한다. 물론 맞다. 다 맞는 말이다. 그 사실 자체를 부인하려는 것이 아니다. 다만 사람의 의지를 부정하거나 배제한 믿음은 있을 수 없다는 주장을 하려는 것이다. 하나님은 사람에게 의지를 주셨고, 그것을 아름답고 귀하게 쓰시는 분이다. 우리는 이를 알고 있다.

하나님이 원하시는 믿음은 구름에 달 가듯 대강, 대충이 아니다. 구렁이 담 넘어가듯 두루뭉술하게 받아들이는 것은 믿음이 아니라는 말이다. 믿음에 대해 가르치거나 설명하는 성경 말씀을 살펴보면, 얼마나 정확하고 분명하게 따지는지 모른다. 성경은 무조건 믿기만 하면 된다고 말하지 않는다. 믿음의 진정한 아름다움은 하나님이 어떤 분인지, 그분이 나를 위해 어떤 일을 행하셨는지 깨닫는 것이다. 그동안 내 것이라고 주장하며 꽁꽁 끌어안고 있었던 모든 것을 풀어놓고, 참된 주인이신 분께 내 삶을 송두리째 내어드리는 것, 바로 그것이 진정한 믿음이다.

예수님은 열두 제자에게 믿음을 강요하지 않으셨다. 다만 그들 자신이 능동적으로 선택하게 하셨다. 바울 사도는 믿음이란 어림짐작이나 억지춘향이 아니라 그리스도의 말씀을 '들음'에서 비롯된다고 말한다(롬 10:17 참고).

베드로 사도는 오랜 박해 가운데 지쳐가던 초대교회 성도들에게 환난을 이겨낼 수 있는 유일한 비결로 하나님과 우리 주 예수를 아는 것을 소개했다(벧후 1:1-2). 그리고 예수 그리스도를 알고 그분의 거룩한 성품 가운데 들어가기 위한 8가지 조건을 설명한다.

> 그러므로 너희가 더욱 힘써 너희 믿음에 덕을, 덕에 지식을, 지식에 절제를, 절제에 인내를, 인내에 경건을, 경건에 형제 우애를, 형제 우애에 사랑을 더하라(벧후 1:5-7)

믿음, 덕, 지식, 절제, 인내, 경건, 형제우애, 사랑. 이 중에서 가장 기초가 바로 '믿음'이다. 이 믿음은 대강, 두루뭉술하게 '그렇다 치고, 그런 셈 치고' 넘어갈 수 있는 문제가 아니다. 이는 하나님을 아는 정확한 지식과 그에 대한 우리의 결단과 의지를 통해 이루어진다.

쓴 뿌리 치유도 마찬가지이다. 치유의 핵심은 주님이 우리에게 보여 주시는 것과 그것을 개선하기 위한 우리의 의지이다. 쓴 뿌리가 사고와 의식의 영역에 자리 잡고 있다는 사실을 잊지 말아야 한다. 우리의 말과 생각과 행동이 바로 여기서 나온다. 그러므로 이것을 바로잡기 위해 우리의 의지가 감당해야 할 영역들이 얼마나 크고 중요하겠는가?

우리는 스스로 문제를 진단할 수 있다.

쓴뿌리 자가 진단을 위한 질문

- 누구에게 받은 상처인가?
  부모에게 받은 상처인가?
  아니면 배우자나 자녀에게 받은 상처인가?
- 언제 받은 상처인가?
  연약한 어린 시절인가?
  아니면 무모한 청년 시절인가?

잊고 있었거나 잊으려고 노력했기에 떠오르지 않은 것일 뿐, 모두 기억 속에 저장되어 있다. 그래서 알 수 있다. 평상시에는 좀처럼 드러나지 않는 숨겨진 감정이 있을 수 있다. 상처 받았을 때 느꼈던 감정이 문득 되살아날 때, 그 감정을 길잡이 삼아 무엇이 자신의 정서를 흔드는지 쫓아가 봐야 한다. 불편하고 부정적인 감정이 과거의 어떤 기억과 연결되어 있는지 찾아봐야 한다.

혼자 있을 때에도 별안간 얼굴이 빨갛게 달아오르면서 부끄러워지는 때가 있지 않은가? 이미 다 끝난 일인데도 가슴이 뛰고 식은땀이 나는 기억이 있지 않은가? 그런 증상을 가볍게 여기고 넘겨 버리면 안 된다. 해결되지 않은 과거의 상처와 아픔은 전혀 예상하지 못했던 모습으로 다양하게 나타날 수 있다. 악몽을 꾸기도 하고, 가위에 눌리기도 하고, 우울증에 빠지거나 그로 인한 자살 충동에 시달리기도 한다. 이런 증상은 방치할수록 더욱 기승을 부린다.

세계보건기구의 조사 결과에 따르면, 우울증을 앓는 사람이 자살을 시도하는 때는 대개 새벽 2시쯤이라고 한다. 아무리 술을 많이 마시고 곯아떨어져도 새벽 2시가 되면 깨어나니 그때 죽을 결심을 한다는 것이다. 그들은 왜 그런 결정을 했을까? 마음이 괴로우니 그랬을 터다. 그 괴로움을 이기지 못해 충동적으로 죽음을 결정했을 것이다.

신앙이 있다고 해서 예외일 수는 없다. 아내의 친구 중에 음악

교수로 활동하던 이가 있었다. 교회에 열심히 출석하고, 정기적으로 예배에 참석하는 신앙인이었다. 그런데 어느 날 투신하여 스스로 목숨을 끊었다. 나중에 알고 보니 죽기 직전에 이사야서를 묵상 중이었다고 한다. 신앙을 가지고 있다 해서 우울증에 안 걸리는 게 아니다.

우울증은 대부분 마치 기습 공격을 당하는 것처럼 갑자기 찾아온다. 한순간에 삶이 무기력해지며 절망감이 밀려온다. 그로 인해 자연스럽게 죽음이 생각나게 된다. 무너지는 것은 정말 한순간의 일이다. 한순간에 자기 자신이 미워지고, 한순간에 삶이 무의미해진다. 사는 게 싫어지는 것이다. 자신의 의지로 어떻게 할 수 없는 것이다. 그러니 늘 조심해야 한다.

죄를 짓는 것도 마찬가지다. 다윗이 죄가 목구멍에까지 가득 찬 극악무도한 범죄자여서 자기 부하의 아내와 바람을 피웠겠는가? 결코 아니다. 넋 놓고 있던 한순간에 사탄의 공격에 넘어갔다. 그는 이스라엘의 왕이 되어 나라의 영토를 계속해서 확장해 나가는 중이었다. 하는 일마다 술술 풀리며 요즘 말로 잘나가고 있었다. 그런데 왠지 마음 한구석이 허전하고 슬펐다. 왜일까?

시편에는 다윗의 이런 심정이 그대로 묻어난다. 특히 39편을 보면 다윗이 무의미하고 허무한 자신의 심정을 구구절절 표현하고 있다. 이것이 비단 다윗만의 얘기일까? 예수를 믿는다고 '죽고 싶다'라는 생각을 안 하는가? 그리스도인이라고 해서 인생이 허무하게 느껴지지 않는가? 목회자나 교회 직분자라고 해서 외롭고 쓸쓸한 마음이 안 드는가?

나는 목사이고, 치유 사역자이다. 충격적인 얘기지만 이런 나도 2번이나 자살을 시도한 적이 있다. 거동이 불편한 몸으로 살아가는 일이 너무도 고달팠기 때문이다. 그래서 동맥을 끊으려 하기도 했고, 약을 모아서 음독자살을 시도하기도 했다. 물론 주님의 은혜로 다 미수에 그쳤다. 하지만 사람이 뒤집어지는 것은 참 순식간의 일이라는 걸 깨달았다. 죽어야겠다고 마음을 먹은 순간엔 한없이 담대해졌다. 죽기로 결정하니 두려울 게 없었다. 얼마나 어리석고 무서운 마음인가.

자신의 쓴 뿌리를 외면하는 사람들

대부분의 그리스도인은 자신의 감정을 다스리는 훈련을 받아본 적이 없다. 쓴 뿌리의 영향을 분별하기는커녕, 자신의 행동이나 상태가 건강하지 않다는 점을 의식하지도 못한다. 그냥 다들 원래 그런 줄 알고 살아간다. 하지만 다른 사람의 눈에는 그 사람의 문제가 명확히 보인다. 다 보인다. 쓴 뿌리는 그렇게 어쩔 수 없이 겉으로 드러나게 되어 있다.

쓴 뿌리의 영향을 받은 사람들

- 정서적으로 불안해서 안절부절 못하는 사람
- 스스로를 한없이 비하하며 위축되어 있는 사람
- 특정한 대상에 중독되어 헤어 나오지 못하는 사람
- 주일예배 때 집중하지 못하고 딴생각에 빠져 있는 사람 등

나도 그렇다. 30년이 훌쩍 넘게 사람의 내면을 다루는 사역을 하다 보니, 훈련 과정이나 세미나에 가서 분위기를 보면 어떤 식으로 흘러갈지 대략 감이 잡힌다. 여기저기에서 안타까운 모습을 많이 봤다. 하지만 더 안타까운 점은 자신이 어떤 상태인지 관심을 갖고 지켜보려는 사람이 별로 없다는 것이다. 사실 본인이 조금만 노력하면 치유와 상담에 관련된 도움을 받을 수 있다. 책도 많이 나와 있고, 상담과 훈련 및 치유 사역을 꾸준히 진행하는 기관과 단체도 있다. 이도 저도 못 찾겠으면 하나님 앞에 홀로 나아가 매달릴 수도 있다. 하지만 그렇게 하려는 마음조차 없다는 것이 문제이다.

한번은 강남에 있는 교회에 말씀을 전하러 가던 중에 극심한 교통 체증으로 발이 묶인 날이 있다. 옴짝달싹 못하게 길이 막혔다. 건너야 하는 한강 대교에서 교통 체증이 일어나 그 여파로 당시 내가 있는 곳까지 차량이 밀린 거라고 했다. 도대체 무슨 일인가 알아보니 서울종합운동장에서 모 아이돌 그룹이 콘서트

를 열기 때문이라고 했다. 많은 사람이 그걸 보겠다고 몰려드는 바람에 교통대란이 일어났다. 한강 다리가 통째로 마비될 정도로 말이다.

나를 데려다 주는 분이 이런 말을 했다.

"목사님. 그거 아세요?"

"뭘요?"

"젊은 애들이 그 콘서트를 보겠다고 며칠 전부터 경기장 앞에서 텐트를 치고 살았더라고요. 그 정도로 좋을까요? 그 정성으로 공부를 했으면 1등 못하는 게 기적일 텐데…."

그는 그 젊은이들을 한심하게 여기는 듯했다. 그러나 나는 그 이야기를 듣자 마음에 감동이 일었다. 그 감동으로 한참 동안 많은 생각을 했다. 통속적인 세상 음악을 듣겠다고, 그것도 딱 한 번 하면 끝나는 이벤트를 보겠다고 대교 하나를 마비시킬 만큼 사람이 몰려들었다니…. 어차피 무대 위의 가수 모습을 자세히 볼 수 없는 대형 체육관인데 조금이라도 좋은 자리를 잡겠다고 텐트를 치고, 그 앞에서 며칠을 살다니 이게 무슨 일인가!

우리는 하나님을 위해 그만큼의 노력이라도 기울여 본 적이 있는지 생각해 볼일이다. 그 노력의 반의 반 만큼이라도 시도해 본 적이 있을까?

"그럼! 당연하죠!"

이렇게 자신 있게 대답할 수 있는 사람은 거의 없을 것이다.

요즘 한국 교회의 신앙에 대한 열정이 그 정도 수준이다. 성도들이 예배를 사모하여 토요일 아침부터 교회 앞에 텐트를 치고 기다린다면, 주님이 그 예배에 어떤 은혜를 주실까? 하나님을 알아 가려는 열정을 품고, 날마다 성경을 묵상하며 연구하기를 최우선으로 여긴다면, 한국 교회의 모습은 어떻게 달라질까?

'지성이면 감천'이라거나 더 큰 은혜를 받으려면 더 많이 노력해야 한다는 말을 하는 것이 아니다. 우리가 영적인 열정을 잃어버린 채 습관적으로 신앙생활을 하고 있다는 사실을 지적하려는 것이다. 세상 사람들은 가수 때문에 그렇게까지 큰 대가를 기꺼이 치르는데, 우리는 예수님을 그만큼 사랑하고 있는가 돌아볼 일이다. 물론 세상 가수를 좋아하는 것이 예수님을 좋아하는 것과 비교할 대상은 아니다. 그렇다고 "에이, 다 그렇게 신앙생활 하는 거죠."라며 쉽게 넘길 문제도 절대 아니다. 우리는 우리 자신의 상태에 대해 좀 더 심각해질 필요가 있다.

오늘날 우리는 영적 매너리즘에 빠진 채 살고 있다. 예배도, 성경도, 교회도, 복음도, 그리고 하나님도 너무 익숙해서 무덤덤하고 무감각하다.

"늘 해왔던 것처럼 하면 되는 거지. 뭘 자꾸 새로워지라고 해?"
이렇게 불평을 하니 매일 대충대충 산다. 대충 사는 걸 은사로 생각한다. 뭐 하나 정확하게 짚고 넘어가는 게 없다. 그저 우유부단한 인생으로 사는 것이다. 사실은 이것도 쓴 뿌리의 증상 중 하나이다.

> 평강의 하나님이 친히 너희를 온전히 거룩하게 하시고 또 너희의 온 영과 혼과 몸이 우리 주 예수 그리스도께서 강림하실 때에 흠 없게 보전되기를 원하노라 너희를 부르시는 이는 미쁘시니 그가 또한 이루시리라 (살전 5:23-24)

이 말씀은 쓴 뿌리에 대해 우리가 취해야 할 태도를 보여 준다. 그래서 나는 이 말씀을 무척이나 사모하며, 내 사역의 주춧돌로 삼고 있다.

바울 사도는 주님이 다시 오실 그날까지 '건강하게 살아가는 것'이 우리를 향한 하나님의 뜻이라고 말한다. 이는 육체뿐 아니라 영과 혼에도 해당되는 전인적인 건강이다. 여기에는 거룩하게 하시고 흠 없게 보전하시는 미쁘신 하나님의 역사와 함께, 흠 없는 삶을 살기 위해 애써야 하는 우리의 몫도 포함되어 있다.

혹 과거에 상처 받은 기억이 별로 없고, 성격이나 대인관계에서도 큰 문제가 없다고 생각한다면, 쓴 뿌리에 대해 대수롭지 않게 여길 수도 있다. '쓴 뿌리'라는 단어 자체가 부담스럽고 어려운 사람도 있을 것이다. 쓴 뿌리 치유는 기이하거나 이상한 버릇을 가진 사람이나 성격 파탄자, 그리고 내면의 문제 때문에 정상적인 사회생활이 힘든 사람만을 위함이라는 편견을 갖고 있을 수 있다.

하지만 쓴 뿌리로부터 자유로운 사람은 아무도 없다. 모든 인류는 쓴 뿌리의 영향력 아래 살아간다. 이미 쓴 뿌리에 오염된 채로 이 땅에 태어났기 때문이다. 그래서 우리는 하나님이 원하시는 자유롭고 건강한 삶을 회복하기 위해 날마다 깨어 돌이키는 삶을 살아가야 한다. 내가 이 책을 쓴 이유도, 당신이 이 책을 읽는 이유도 바로 그것이다.

쓴 뿌리의 형태는 다양하지만 모든 사람에게 공통적으로 적용되는 다섯 단계가 있다. 저마다 품고 있는 다양한 쓴 뿌리의 근원은 대부분 이 과정을 거쳐 형성된 것이다. 인정하기 힘들지만 우리는 에덴동산의 거역과 범죄에 동참한 쓴 뿌리를 갖고 태어났다. 우리가 그 쓴 뿌리를 깨닫고 고치기 원할 때 성령의 빛이 우리의 어두운 심령을 비춰 치유의 역사가 일어날 것이다.

쓴 뿌리의 다섯 가지 형성 단계

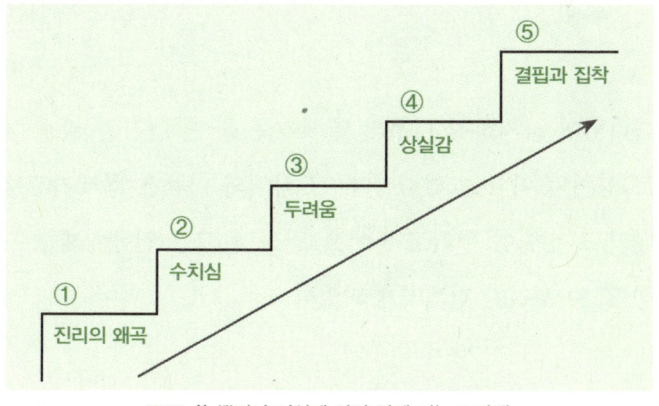

도표: 쓴 뿌리가 의식에 자리 잡게 되는 5 단계

인간이 상처와 아픔을 경험하게 된 최초의 사건은 바로 창세기 3장의 선악과 사건이다. 아담과 하와는 죄를 범함으로 타락을 자초했다. 이에 하나님과의 관계가 끊어져 버리고 말았다.

> 그런데 뱀은 여호와 하나님이 지으신 들짐승 중에 가장 간교하니라 뱀이 여자에게 물어 이르되 하나님이 참으로 너희에게 동산 모든 나무의 열매를 먹지 말라 하시더냐 여자가 뱀에게 말하되 동산 나무의 열매를 우리가 먹을 수 있으나 동산 중앙에 있는 나무의 열매는 하나님의 말씀에 너희는 먹지도 말고 만지지도 말라 너희가 죽을까 하노라 하셨느니라 뱀이 여자에게 이르되 너희가 결코 죽지 아니하리라 너희가 그것을 먹는 날에는 너희 눈이 밝아져 하나님과 같이 되어 선악을 알 줄 하나님이 아심이니라 여자가 그 나무를 본즉 먹음직도 하고 보암직도 하고 지혜롭게 할 만큼 탐스럽기도 한 나무인지라 여자가 그 열매를 따먹고 자기와 함께 있는 남편에게도 주매 그도 먹은지라 (창 3:1-6)

하나님이 금지하신 나무의 열매에 손을 댄 인간은 생전 처음으로 상처와 아픔을 경험한다. 그 상처와 아픔은 창세기 3장이 끝나기도 전에 쓴 뿌리로 굳어졌고, 그 후 모든 인류에게는 고스란히 그 쓴 뿌리가 전해지게 되었다.

첫 번째 단계: 진리의 왜곡

사탄의 사주를 받은 뱀이 선악과 곁에 홀로 있던 여자에게 물었다.

"하나님이 에덴동산에 있는 모든 나무의 열매를 먹지 말라고 하셨다며?"

이것은 사실이 아니다. 하나님은 그렇게 말씀하신 적이 없다. 하나님은 동산 중앙에 위치한 '선악을 알게 하는' 나무의 열매를 먹지 말라고 하셨다. 하나님은 진리를 말씀하셨는데 뱀이 그것을 거짓으로 비틀어 버렸다. 진리를 거짓으로 바꿔 전달하고 받아들이는 '왜곡'이 일어난 것이다.

이처럼 쓴 뿌리는 '진리의 왜곡'에서부터 시작된다. 이는 곧 진리를 왜곡해 전달하고, 왜곡된 내용으로 이해하는 것을 말한다. 그 결과는 어떤가? 거짓말이 거짓말을 낳는 것처럼, 뱀으로부터 시작된 진리의 왜곡이 여자에게로 이어지는 것을 보게 된다. 여자는 뱀의 왜곡된 질문에 왜곡된 대답을 한다.

"아냐. 하나님은 동산 중앙에 있는 나무 열매만 먹지도 말고 만지지도 말라고 하셨어. 우리가 죽을 수도 있대."

여자는 하나님의 말씀에 '만지지도 말라'는 내용을 더하고, '죽을 것이다'라고 하신 하나님의 말씀을 희석시켰다. 하나님의 말씀에 무언가를 더하고, 말씀을 희석시킨 것이다. 그러자 뱀은 왜곡을 넘어 완벽한 거짓으로 여자를 미혹한다.

"아니야. 그 나무 열매는 그런 게 아닌 것 같아. 내가 보니까 그걸 먹으면 지금보다 훨씬 더 많은 능력을 갖게 될 것 같던데? 최소한 하나님과 동급 정도는 될 것 같더라고. 하나님도 그걸 알고 먹지 말라고 하신 게 아닐까?"

왜곡된 대화의 시작으로 인해 여자의 사고와 의식 속에는 하나님의 말씀에 대한 불신과 의심이 자리 잡는다. 그래서 하나님이 지으신 모습과 다르게, 그리고 여자 자신이 지금까지 인식해 왔던 것과 다르게 세상을 바라보기 시작한다. 순리대로 써야할 것을 역리로 해석하고 받아들이게 된 것이다.

여자는 왜곡이 일어나기 전에 선악을 알게 하는 나무를 '하나님과 그분의 말씀을 기억하게 하고, 순종하라고 알려 주는' 표지판처럼 생각했다. 그런데 왜곡 이후에는 어떻게 시선이 달라졌는가? 하나님이 금지하신 나무의 실과가 예쁘고 맛있어 보일 뿐 아니라, 먹는 사람을 더 나은 존재로 만들어 줄 '로또 복권'처럼 보이기 시작했다. 저것만 손에 넣으면 성공할 것 같고, 저것만 있으면 내 가치가 더 상승할 것 같았다. 반대로 저걸 갖지 못하면 불행해질 것 같고, 저게 없으면 내가 별 볼 일 없고 무가치한 존재가 되는 것 같았다. 시각과 관점 자체가 하나님의 말씀과는 완전히 반대로 왜곡되어 버린 것이다.

두 번째 단계: 왜곡으로부터 나타나는 수치심

왜곡된 진리로 인해 죄를 범한 뒤에는 무슨 일이 벌어졌는가? 선악을 알게 하는 나무의 열매를 먹는 순간, 아담과 하와의 눈이 밝아졌다. 두 사람이 밝아진 눈으로 제일 먼저 본 것은 벌거벗은 자신의 몸이었다.

> 이에 그들의 눈이 밝아져 자기들이 벗은 줄을 알고 무화과나무 잎을 엮어 치마로 삼았더라 (창 3:7)

둘은 여태까지 벌거벗고 지내면서도 아무런 거리낌이 없었다. 그런데 이제 황급히 서로를 피하며 무화과 나뭇잎으로 하체를 가렸다. 수치심을 느낀 것이다. 왜 갑자기 벌거벗음을 창피하고 부끄러운 일로 여기게 되었을까?

사실 오늘날 우리가 볼 때 두 사람이 창피해하고 부끄러워하는 반응은 지극히 당연하다. 어떻게 옷을 벗은 채로 사람들 앞에 설 수 있단 말인가. 노출증 환자라면 모를까, 감히 상상도 할 수 없는 일이다. 오히려 벌거벗었으면서도 부끄러워하지 않았던 아담과 하와가 신기할 뿐이다. 아담과 하와에게 벌거벗음이 아무런 문제가 되지 않았던 것은 이들이 하나님과의 친밀한 관계 안에서 주어지는 완벽한 돌봄과 보호 가운데 있었기 때문이다.

하나님은 인간을 만드신 후에 알아서 살라고 그저 던져 놓지 않으셨다. 하나님의 돌봄과 보호는 백 퍼센트 무조건적인 사랑과 지지였다. 그 사랑에는 "네가 그걸 하면, 이렇게 해줄게."라는 어떠한 조건도 붙어 있지 않았다.

그러나 깨어진 이 세상에는 무조건적인 사랑이 없다. 이 땅의 모든 사랑은 대가와 보상을 요구한다.

"네가 이렇게 해주면, 나도 너를 사랑해줄게."

이것이 세상이 끊임없이 우리에게 던지는 메시지다. 세상의 사랑은 이렇듯 끊임없는 조건과 수많은 전제를 붙인다. 부모가 자녀를 사랑함도 '내 새끼'라는 전제가 있기 때문에 가능한 일이다. 우리는 절대 누군가를 그냥 사랑하지 않는다. 그러나 하나님의 사랑은 이와는 다르다. 무한하고 영원하며 아무것도 바라지 않는다. 그래서 하나님의 사랑을 조건 없는 '아가페 사랑'이라고 하는 것이다.

죄를 범하기 전에 아담과 하와에게 벌거벗음은 아무 문제가 아니었다. 그러나 죄를 범한 후 아무 문제가 아니던 벌거벗음이 이들에게 큰 문젯거리가 됐다. 무슨 의미인가? 아담과 하와를 덮어 주고 가려주던 하나님의 보호막이 벗겨지고, 그들의 연약함과 벗음이 적나라하게 드러난 것이다. 그러면서 그들은 자신들의 존재 자체를 부끄럽고 창피한 것으로 받아들이게 되었다. 하나님의 무조건적인 사랑이 사라지고 난 후, 조건적인 세상 앞에서 도저히 그 모습 그대로 있을 수 없었다. 또 한 번의 왜곡이 일어났다. 이처럼 왜곡된 진리로 인해 시작된 쓴 뿌리는 사람의 내면에 부끄러움과 창피함, 즉 수치심을 일으킨다.

세 번째 단계: 수치심이 만들어 낸 두려움

두 사람이 벌거벗은 몸을 가린 뒤에는 무슨 일이 일어났는가?

하나님이 그들을 찾아오셨다. 평소처럼 두 사람과 함께 동산을 거닐러 오셨던 것 같다. 그러나 아담과 하와는 하나님을 피해 나무 뒤로 황급히 숨어버린다.

> 그들이 그 날 바람이 불 때 동산에 거니시는 여호와 하나님의 소리를 듣고 아담과 그의 아내가 여호와 하나님의 낯을 피하여 동산 나무 사이에 숨은지라(창 3:8)

하나님은 계속해서 아담의 이름을 부르며 그를 찾으셨다.
"아담아, 너 지금 어디에 있느냐?"
더는 견딜 수 없었던 아담이 마지못해 대답한다.
"네, 하나님! 동산에서 하나님께서 저를 찾는 소리를 들었습니다. 그런데 제가 지금 벌거벗고 있어서요. 하나님을 뵙기 두렵습니다."
아담과 하와는 벌거벗은 상태였다. 하지만 그것이 하나님의 눈을 피해 숨을 이유는 아니었다. 그런데도 그들은 황급히 숨었다. 이로써 왜곡과 범죄, 수치심에 이어 세 번째로 안타까운 모습이 나타난다. 아담은 무엇을 느꼈다고 고백하는가? 바로 두려움이다.

> 이르되 내가 동산에서 하나님의 소리를 듣고 내가 벗었으므로 두려워하여 숨었나이다(창 3:10)

이처럼 하나님의 말씀에 대한 왜곡은 범죄를 낳는다. 죄악은 하나님과의 관계를 단절시키고, 자아상을 왜곡한다. 그래서 수치심이 생겼다. 그 수치심이 세 번째 왜곡을 가져왔다. 바로 하나님의 이미지를 왜곡하여 두려움을 낳았다. 온전한 사랑이 두려움을 내쫓아야 되는데, 그 사랑으로부터 멀어지니 두려움에 사로잡히고 말았다. 게다가 그 마지막이 형벌이었으니 얼마나 두려움이 컸겠는가!

> 사랑 안에 두려움이 없고 온전한 사랑이 두려움을 내쫓나니 두려움에는 형벌이 있음이라 두려워하는 자는 사랑 안에서 온전히 이루지 못하였느니라(요일 4:18)

하나님에 대한 왜곡된 이미지

- 생각만 해도 무서운 하나님
- 나를 기뻐하지 않는 하나님
- 나를 못마땅해 하시는 하나님
- 나에게 화가 나 있는 하나님
- 내가 무얼 해도 결코 만족하지 않으시는 하나님
- 나의 일거수일투족을 감시하는 하나님
- 나를 때리고, 혼내려고 벼르고 계신 하나님 등

지금 이 순간 당신이 하나님에 대해 갖고 있는 이미지는 무엇인가? 마치 그분이 희고 긴 수염을 흩날리며 무서운 표정을 짓고 계신다고 생각하지 않은가? 하나님을 이렇게 인식하고 있으니 당연히 두려울 수밖에 없다. 아담과 하와가 그런 상태에 빠졌던 것이다. 날이면 날마다 동산을 거닐며 대화하고 동행하던 하나님과의 친밀감은 간데없이 사라지고, 하나님에 대해 남은 건 이제 무서움과 두려움뿐이다. 수치심과 두려움으로 인해 정서적으로 하나님과 멀어지고, 죄에 대한 대가로 에덴동산에서 쫓겨나게 되면서 그들의 쓴 뿌리는 네 번째 단계로 나아간다. 그것은 바로 '상실감'이다.

네 번째 단계: 두려움의 또 다른 얼굴 '상실감'

아담과 하와는 무엇에 대해 상실감을 느꼈을까. 바로 하나님의 사랑에 대한 상실감이다.

> 여호와 하나님이 에덴 동산에서 그를 내보내어 그의 근원이 된 땅을 갈게 하시니라 이같이 하나님이 그 사람을 쫓아내시고 에덴 동산 동쪽에 그룹들과 두루 도는 불 칼을 두어 생명 나무의 길을 지키게 하시니라 (창 3:23-24)

하나님과 그토록 친밀한 관계를 유지하던 아담과 하와가 에덴

동산을 떠난다. 범죄한 그들은 하나님과 더는 함께 있을 수 없었다. 그래서 하나님은 그들을 쫓아내신다. 거룩하신 하나님이 너무나 두려웠던 그들은 에덴동산을 떠난 뒤 아마 안도의 한숨을 내쉬었을 지도 모른다. 하지만 돌아선 그들의 마음에 찾아온 건 되돌릴 수 없는 상황에 대한 상실감이었다.

하나님께서는 완벽하게 길을 막아 버리셨다. 실낙원(失樂園). 그들은 에덴의 아름다운 풍광과 풍성한 양식, 다양한 동식물이 조화롭게 살아가는 평안의 낙원을 잃어버렸다. 가장 안타까운 점은 그들의 창조자이고 아버지이신 하나님으로부터 멀어졌다는 사실이다. 다른 누가 채워줄 수 없고, 무엇으로도 대신할 수 없는, 세상에서 가장 친밀한 관계를 잃어버린 것이다.

그 후 그들은 하나님을 두려워하는 한편, 잃어버린 사랑 때문에 계속 상실감을 느끼며 살아간다. 그래서 늘 텅 빈 가슴을 채워 줄 무언가를 찾아 헤맨다. 그래서 대다수의 사람은 무의식중에 다른 사람을 자신의 편으로 끌어들이고, 자기 사람으로 만들고 싶어 하는 경향이 있다. 특히 지도자의 자리에 있으면 그런 유혹을 더 강하게 받는다.

'저 사람이 내 곁에 있으면 좋겠다.'
'이 사람은 내가 시키는 대로 잘 따라올 것 같은데….'
나도 가끔 그럴 때가 있다. 나도 모르게 이런 생각을 할 때가 있다. 왜 그럴까? 본질적인 사랑, 근본적인 관계를 잃어버린 탓이다. 상실감을 보상받기 위해 자석이 철을 잡아당기듯 다른 사람을 끌어들인다. 그런데 안타깝게도 그런 것으로는 상실감을 완전히 해결할 수 없다.

상실감을 해결하려면 어떻게 해야 하는 걸까? 사랑받아야 살 것 같은데, 이놈의 사랑이 쉽게 안 따라온다. 이놈의 인간들이 사랑을 해주지 않는다. 그러니 어쩌겠는가. 직접 찾아다닐 수밖에 없다. 자아 사랑, 거짓 사랑…. 그렇게 상실감은 집착으로 연결된다.

다섯 번째 단계: '병든 자아'를 만드는 결핍과 집착

왜곡과 수치, 두려움과 상실감에 이어 나타나는 마지막 단계는 결핍과 집착이다. 결핍과 집착으로 '병든 자아'가 굳게 형성된다.

우리는 '자아' 또는 '자아상'을 통해 자신과 다른 사람, 그리고 세상을 비춰본다. 그래서 이는 거울과도 같다. 자아상이라는 거울이 멀쩡한 사람은 자신과 타인을 멀쩡하게 볼 수 있다. 반면 자아상의 거울이 깨어져 멀쩡하지 않은 사람은 시각이 왜곡되어 자신과 타인을 깨진 모습으로 바라본다. 그러니 어디에 비춰보느냐가 중요하다. 병든 자아를 갖고 있다는 것은 자신의 존재와 삶을 깨진 거울에 비춰보며 살아간다는 말이다.

결핍과 집착이 만들어 낸 자아는 잃어버린 사랑을 갈망한다. 모자란 사랑을 채우기 위해 투쟁으로 점철된 의식과 행동을 보여준다. 그 대표적인 모습이 바로 지나친 '자존심'이다. 받아야 할 것을 충분히 받으며 성장한 사람은 자존심이 그렇게 강하지 않다. 그럴 필요가 없기 때문이다. 하지만 받아야 할 것을 받지 못한 채 힘들게 산 사람, 즉 삶 자체가 '살아남아야 하는' 생존 문제인 사람은 자존심이 자신을 지키는 수단이다. 이는 마치 사람을 쉽게 다치게 하는 예리한 칼날과도 같다. 이런 특성은 가난에 시달리거나 인정받지 못한 채 살아온 사람, 또는 큰 상실감을 경험한 사람에게 나타난다. 이 모든 현상은 결핍을 아파하고, 결핍에 대해 보상받기 위해 집착하는 자아의 몸부림이다.

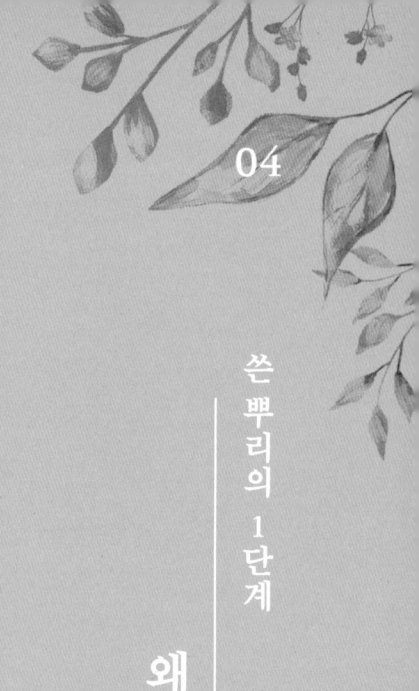

04

쓴 뿌리의 1단계

왜곡

내가 진실로 너희에게 이르노니
많은 선지자와 의인이
너희가 보는 것들을
보고자 하여도 보지 못하였고
너희가 듣는 것들을 듣고자 하여도
듣지 못하였느니라

_마 13:17

○
04   **쓴 뿌리의 1단계**
       왜곡

왜곡은 거짓 메시지다

쓴 뿌리가 시작되는 첫 단계인 왜곡은 어떤 형태로 나타나는 걸까? 앞서 살펴본 '독초'를 예로 들어보자(신 29:18 참고). 독초란 '독이 든 풀'이다. 먹거나 피부에 닿으면 어떻게 될까? 독이 있으니 목숨을 잃거나 심각한 상해를 입을 수 있다. 그런데 자연계의 동식물 중에서 독을 품고 있는 것들은 하나같이 매혹적이다. 피부색이나 빛깔이 독특하고 강렬해서 시선을 끈다. 독버섯이 얼마나 아름다운가. 목숨을 앗을 만큼 강력한 독을 품고 있지만 겉으로는 드러나지 않는다. 오히려 누구나 만져보고 갖고 싶은 충동을 느끼게 한다. 쓴 뿌리의 첫 단계인 왜곡도 마찬가지이다. 그만큼 왜곡은 사람을 유혹하고 현혹하는 데 능하다.

창세기 3장에서 하와는 뱀의 '왜곡된' 메시지에 귀가 솔깃해진다. 하나님이 선악을 알게 하는 나무 열매를 먹지 말라고 하실 때는 아무 느낌도 없었는데, 뱀의 음성을 듣자 갑자기 머릿속이 복잡해지며 묘한 기분이 든다. 금단의 나무 열매가 예쁘고 맛있어 보일 뿐 아니라 먹으면 똑똑해질 것처럼 보이기까지 한다.

이처럼 왜곡은 우리를 유혹하고 현혹한다. 왜곡된 진리로 우리의 사고와 느낌을 사로잡은 후 거짓말에 매여 살아가게 한다. 그러니 왜곡되면 하나님의 진리를 따라 살지 못한다. 그냥 어디서 주워들은 대로, 세상이 정해주는 대로, 남들이 하는 대로, 또는 자기만의 '개똥철학'을 따라간다. 누가 뭐라 해도 상관없다. 그들에겐 그것이 진리이고, 그러면 된 것이다. 결국은 왜곡된 진리에 매어 '거짓의 종'이 되는 삶을 살게 된다. 시간에 매이고, 사람에 매이고, 환경에 매이고, 분위기에 매인다. 최신 휴대폰에 매이고, 컴퓨터에 매여 산다. 절대 자유롭지 않은 삶이다. 그러나 정작 본인은 자신의 상태를 전혀 진단하지 못한다. 오히려 눈코 뜰 새 없이 바쁘게 일하는 것이 멋지고 성공한 삶인 것인 양 착각한다. 이는 명백한 '왜곡'이다. 그게 진리라면 이른 새벽부터 밤늦게까지 바쁘게 살아가는 서민들 모두가 대박이라도 나야 한다. 하지만 어떤가? 사회는 점점 더 바빠지는데, 희한하게도 불확실성과 불안도 더욱 커지고 있지 않은가? 명백한 왜곡이다.

이렇듯 우리에게 만연한 왜곡된 시각과 관점이 빚어낸 또 하나의 결과가 바로 갈등이다. 대부분의 갈등은 그렇게 만들어진다. 거짓말을 기반으로 올바른 선택을 하는 것이 어찌 가능하겠는가. 아무리 많이 조사하고 연구해도 늘 부정확한 정보가 산출될 수밖에 없다. 그러니 늘 이거냐 저거냐 고민과 갈등만 하다가 타이밍을 놓치는 것이다.

하지만 왜곡이 가져다주는 가장 안타까운 현실은 따로 있다. 진리가 우리의 삶에서 전혀 역사하지 못하게 한다는 것이다. 이처럼 답답한 일이 또 어디 있을까!

매주 주일예배 때 하나님의 말씀이 선포된다. 그 시간에 설교자를 통해 살아 계신 하나님이 말씀하신다는 사실을 진정으로 믿으면 어떤 일이 일어날까? 삶이 바뀌고 사람이 달라진다. 변화가 일어난다. 그러나 거짓 메시지에 눈이 가려지고, 귀가 먹은 심령은 천국 말씀을 들어도 깨닫지 못한다. 보고 싶어도 볼 수 없고, 듣고 싶어도 들을 수 없는 지경이 되는 것이다(마 13:17-19). 이렇게 거짓에 세뇌되어 살아가는 인생에서 무엇이 나올지는 불보듯 뻔한 일이다. 거짓된 말과 행동뿐이다.

삶에서 나타나는 교묘한 거짓말

우리 삶 전체에 참으로 교묘하게 퍼져 있는 거짓말은 정의하는 것조차 애매할 때가 많다. 어디까지가 거짓이고, 어디까지가 정직인지 선뜻 판단하기 어렵다. 객관적으로 볼 때는 거짓말인데 본인에게는 사실인 경우가 있고, 틀린 이야기는 아니지만 진실이 아닌 경우도 있다. 그 말을 한 당사자조차 명확하게 구분하기가 어려운 것이 거짓말이니 어쩌면 당연한 현상일지도 모른다.

게다가 거짓말은 사전에 계획되기보다 무의식중에 튀어나오는 경우가 대부분이다. 우리의 의지를 넘어서서 불현듯 나타난다. 우리는 주로 언제 거짓말을 하는가? 기분이 좋을 때인가? 상쾌한 아침에 눈 뜨고 일어나자마자 "신난다! 오늘은 몇 번이나 거짓말을 할까?" 하며 계획을 세우는 사람이 있을까? 그런 사람은 없을 것이다. 큰맘 먹고 남을 속이려는 경우가 아니고서야 거짓말을 계획한다는 것은 흔치 않은 일이다. 다이어리나 일정표에 해야 할 일을 적으면서 "오늘은 다섯 번만 거짓말해야지. 오늘은 이 사람을 속여 먹어야지!" 하고 결정하는 사람은 거의 없다는 말이다.

이처럼 대부분 거짓말은 우리 삶 가운데 무의식적이고 돌발적으로 나타난다. 생각지도 않은 순간에 자기도 모르게 튀어나오는 것, 그리고 그것이 거짓임을 숨기기 위해 어쩔 수 없이 계속해서 거짓을 선택하게 만드는 것, 이게 바로 거짓의 교묘한 속성이다. 머리로는 다 안다. 거짓말하면 안 된다는 것은 어린 시절에 다 배우기 때문이다. 그런데 차차 성장하면서 자신도 모르게 거짓을 말하게 된다.

더 큰 문제는 거짓말을 한 번, 두 번, 세 번 할 때 점점 느낌이 달라진다는 것이다. 양심이 무뎌지고, 거짓말의 내용이 더 교묘해진다. 거짓말하는 게 쉽고 편해진다. 그리고 거짓말을 하는 영역과 범위가 점점 더 넓어진다. 한마디로 왜곡의 쓴 뿌리가 자연스럽게 우리 삶의 일부가 되는 것이다. 참 안타까운 일이다.

중국에 가면 거짓말을 밥 먹듯 하는 사람이 정말 많다. 일단 거짓말을 내뱉지만, 나중에 그게 거짓말이라는 게 밝혀진다. 곧 들통 난다. 그런데 그들은 그걸로 끝이다. 거짓말했다는 사실이 탄로 났는데도 거짓말을 한 장본인은 아무 일도 없다는 듯 행동한다. 더 황당한 것은 이런 부조리에 대해 누구도 이의를 제기하지 않는다. 왜일까? 그들에게는 거짓말이 자연스러운 일이기 때문이다. 이들은 이렇게 거짓말을 하고도 '마음 편히' 산다. 기가 막힌 상황이다.

미국도 크게 다르지 않다. 내가 아는 어떤 목사님이 실제 겪은 일이다. 예전에 이분이 생계를 위해 한동안 장사를 하신 적이 있다. 트럭에 여러 가지 생필품을 싣고 마을 곳곳을 돌아다니며 파는 일이었다. 흑인이 모여 사는 지역에 가서 장사할 때는 특히 조심해야 했다. 잠깐 한눈이라도 팔면 사람들이 몰래 산소통과 용접기를 갖다 놓고 트럭을 뚫기 때문이다. 기가 찰 일이다. 주인이 버젓이 물건을 팔고 있는데 뒤에서는 그런 만행을 저지르고 있다니 말이다. 이들은 그런 행위가 발각되어도 아무렇지 않게 여긴다. 이게 뭐 하는 짓이냐고 따져 물어도 "물건은 훔치지 않았으니까 괜찮은 거 아니냐!"라며 적반하장이다. 트럭 부서진 건 어떻게 할 거냐고 호통을 치면 "살다 보면 그럴 때도 있는 거지."라고 얼버무리면서 가버린다. 이러면 한국 사람들은 숨이 넘어갈 만큼 화가 난다. 하지만 흑인들이니 함부로 건드릴 수도 없고, 영어도 잘 못하니 법적으로 해결하기도 쉽지 않다. 그저 당하면서 살아갈 뿐이다.

사실 우리나라도 그렇다. 한창 미국으로 조기 유학 붐이 일었을 때, LA 공항은 어린 자녀를 데리고 온 한국 부모들로 인산인해를 이루었다. 공항 측은 이들을 입국 심사할 때 부모와 자녀를 따로 서게 했다. 분리해서 심사하는 것이다. 그리고는 아이에게 묻는다.

"학생, 미국에는 왜 왔지요?"

"공부하러 왔어요."

이렇게 대답하는 아이는 부모와 함께 곧장 쫓겨난다. 방문 비자를 받아서 들어왔기 때문이다. 부모는 이런 경우를 대비해서 아이를 미리 교육해 놓는다.

"혹시 누가 미국에 왜 왔냐고 물어보면 놀러 왔다, 디즈니랜드 가보러 왔다고 대답해. 언제 어디서든 꼭 그렇게 대답해야 해. 알았지?"

이렇게 몇 번이고 주의를 준다. 이것도 참 못 할 짓이다. 어떻게 다른 사람도 아니고 부모가 자녀에게 거짓말을 가르치는가? 아무리 자녀를 위한 일이라고 해도 정도를 벗어난 일이다. 그야말로 거짓 쓴 뿌리의 대물림을 자초하는 일이 아닐 수 없다.

나는 강의와 사역을 위해 세계 각국을 방문할 기회가 많다. 그래서 비행기를 자주 이용한다. 한국에서도 전국 여러 지역을 오가느라 비행기 탈 일이 많다. 어느 날은 공항에서 탑승 수속을 하는데 항공사 직원이 복지카드가 있냐고 물었다. 미국에 살고 있으니 복지카드를 소지할 리가 없었다.

"없습니다."

내 답에 그 직원이 다시 물었다.

"원래 없으신 건가요, 아니면 안 가져오신 건가요?"

"원래 없습니다. 미국에 살고 있거든요."

그러자 직원은 친절한 미소를 지으며 이렇게 말했다.

"그러시군요. 하지만 선생님은 목발을 사용하고 계시니까 굳이 복지카드를 보여 주지 않으셔도 혜택을 받으실 수 있습니다."

다른 사람 같으면 고맙다고 말하며 혜택을 받아들이겠지만, 나는 그냥 넘어가는 성격이 아니다. 그래서 직원에게 물었다.

"원래 규정은 복지카드를 보여 줘야 혜택을 받을 수 있는 것 아닌가요?"

"네, 그렇긴 하죠."

직원의 답을 듣고, 또 한마디를 했다.

"그런데 저를 돕겠다고 이렇게 하시면 규칙을 위반하는 거 아닌가요?"

그 직원은 아무 말도 하지 못했다. 내 말이 맞지 않은가? 어쨌든 거짓말은 거짓말이니까 말이다. 바로 이런 경우가 앞서 말한

'애매한 거짓말'에 해당한다. 그런데 이 상황을 지켜보던 사람들의 반응이 가관이었다.

"아이고, 참 답답한 양반이네. 아니, 도와준다는데 왜 그리 말이 많아요?"

가만히 있어도 혜택을 준다는데 웬 잔소리냐는 말이다. 하지만 나는 그런 혜택은 받을 수 없다고 끝까지 고집을 부렸다. 그깟 돈 몇 푼에 양심을 팔아 주님과 약속한 삶을 포기하고 싶지 않았다. 차라리 제 돈 주고 비행기 타는 게 낫다고 생각했다. 그래서 그렇게 했다. 내 뒤에 줄을 서 있던 사람들이 계속 뭐라고 수군거리는 소리가 들렸다.

"나 같으면 할인받고, 다른 혜택도 달라고 졸랐을 텐데."

"저 사람은 배가 불렀나 봐. 도와준다는데 왜 저렇게 꼬장꼬장하게 굴어?"

비행기 좀 싸게 타겠다고 내 주님과의 언약을 깨뜨릴 수 있을까? 그럴 수 없다. 그러면 절대 안 될 일이다. 그런데 대부분의 사람은 물론이고, 그리스도인마저도 그 돈 몇 푼 때문에 거짓을 행한다. 제 손으로 주님과의 관계를 무너뜨리며 살아가고 있다.

거짓을 '거짓'으로 인식하지 못하는 이유

거짓은 단순히 말이나 행동, 양심의 문제가 아니다. 어떤 사람이 되고, 어떤 인생을 살 것인가의 문제이다. 즉 어떤 그리스도인이 될 것인지, 그리고 하나님 앞에서 어떤 삶을 살 것인지의 문제이다. 거짓말이 익숙하고 자연스러워진 것은 이미 만성이 된 상태이다. 결국 거짓이 삶 자체를 송두리째 집어삼킬 위기에 처한 것이다. 거짓투성이 인생을 살면서 그게 거짓이라는 사실을 인식하지 못하는 것, 쉽게 말해 거짓이 생활화되었다. 직면하기 불편하고 부담스러운, 자신의 능력으로 해결하기 어려운 문제를 회피하기 위해 궁여지책으로 사용한 거짓 행동이 자신도 모르는 사이에 왜곡의 쓴 뿌리로 자라난 것이다.

단 한 번의 거짓 행동은 3가지의 속임과 기만으로 나타난다. 처음에는 상대방을 속이고, 두 번째는 자기 자신을 속이고, 마지막 하나님까지 속인다. 물론 하나님은 속지 않으시지만 말이다. 이처럼 거짓은 한 번에 3가지의 부정적인 열매를 맺는다. 그리고 사람과 관계와 공동체 안에 급속도로 퍼져 가는 쓴 뿌리가 된다. 이 얼마나 비참한 삶인가.

거짓에 매인 심령은 마른 땅이 있는지 살펴보기 위해 노아가 날려 보낸 까마귀와 같다(창 8:6-7). 사방이 거할 곳 하나 없는 물바다인데도 까마귀는 방주로 돌아가지 않는다. 정처 없이 떠돌면서도 말이다. 물에 떠다니는 썩은 시체를 뜯어먹으며 살지언정 더는 갇혀 지내지 않겠다는 심산이다. 결코 오래 버틸 수 없다는 걸 알면서도 '마음대로' 사는 게 제일이라는 거짓 메시지에 매여 절망과 어둠의 길을 가는 것이다.

일에 빠지고, 쇼핑에 빠지고, 섹스에 빠지고, 도박에 빠진다. 그것이 단지 찰나의 만족일 뿐이라는 사실을 알면서도 반복해서 뛰어든다. 왜 돌이키지 않을까? 그래도 내 맘대로 사는 게 가장 좋다고 믿기 때문이다. 얼마나 답답한가. 참으로 슬픈 일이다. 그런 사람은 예배 시간에도 마찬가지 반응을 보인다. 몸은 교회에 와서 앉아 있지만 마음은 천리만리 떨어져 있다. 설교자는 그 사람을 보며 이런 의문을 갖게 된다.

'도대체 왜 하나님의 말씀에 귀 기울이지 않을까?'

그러나 당사자는 자신이 왜 그곳에 앉아 있어야 하는지도 불만이다. 부모가 오라고 해서 왔든, 자녀가 오라고 해서 왔든, 아니면 친구 때문에 왔든 억지로 끌려왔던 것이다. 뭔가 좀 달라지길 바라는 마음으로 데려왔겠지만 잘 될 리가 없다. 그런 모습을 지켜보시는 주님 마음은 어떨까? 정말 죄송한 표현이지만, 그야말로 '미치는' 거다.

'저 아이가, 저 친구가, 저 집사가, 저 권사가, 저 장로가, 저 목사가 쓴 뿌리를 먹었네. 저걸 먹으면 죽는데 어떻게 하지?'

기막힌 심정으로 안타까움에 전전긍긍하실 것이다.

쓴 뿌리를 뽑아내는 일은 무척이나 어려운 일이다. 특히 거짓의 쓴 뿌리를 뽑아내는 것은 엄청난 일이다. 그러니 거짓말하지 말아야한다. 혹시 지금 "아멘"으로 화답한 분이 있는가? 또 거짓말한 것이다. 다시 부탁드린다. 거짓말하지 말자. 또 "아멘" 했는가? 그렇다면 바로 그게 거짓말이다.

예전에 '거짓말'이라는 주제로 강의를 들은 적이 있다. 외국인 강사가 진행하는 강의였다. 강사는 강의 첫 시간에 참석자들에게 작은 노트를 나눠줬다. 바로 '거짓말 노트'였다. 하루에 거짓말을 몇 번이나 하는지 각자 적어 보라고 했다. 그게 강의 기간 내내 숙제였다. 강사는 하루에 평균 50번 정도 거짓말을 한다고 고백했다. 나도 곰곰이 생각하며 적어보니 하루에 평균 30번 정도 거짓말을 한다는 사실을 알게 되었다. 나도 모르게 거짓말을 한 경우가 대부분이었다. 절반은 의도적인 거짓말이었고, 절반은 거짓말이 아니라고 할 만한 '어쩔 수 없는' 거짓말이었다.

'큰일이다. 명색이 하나님의 진리를 전하는 목사인데, 하루에 30번이나 거짓말을 한다면 도대체 누가 내 말을 들으려 할까?'

나 자신이 한심해서 견딜 수가 없었다. 그래서 노트를 들고 주님 앞에 나아갔다.

"주님. 이제부터 두 번 다시 거짓말을 하지 않겠습니다."

그런데 하나님께서 곧바로 이런 마음을 주셨다.

"딩동댕! 31번째다. 또 거짓말을 했구나. 매일 자기도 모르게 30번이나 거짓말을 하는 네가 어떻게 하루아침에 그 버릇을 고칠 수 있겠니?"

이때 나는 결심했다.

"내일은 거짓말을 29번만 하겠습니다. 그렇게 할 수 있게 도와주세요."

아무래도 이 결심이 더 신빙성 있지 않은가? 그렇다고 오해는 말길 바란다. 29번은 거짓말해도 괜찮다는 의미가 아니다. 매일 조금씩 거짓말 횟수를 줄여가는 훈련을 해야 한다는 의미이다. 이미 거짓이 삶의 일부가 되었는데 은혜 한 번 받았다고, 기도 한 번 했다고, 결심 한 번 했다고 당장 끊어질까? 그것은 결단코 불가능한 일이다.

우리가 할 수 있는 것은 이뿐이다. 하나님 앞에서 끊임없이 나 자신을 살피고, 그분께로 나아가는 훈련을 거듭해야 한다.

05

쓴 뿌리의 2단계

수치심

주 여호와께서 나를 도우시므로

내가 부끄러워하지 아니하고

내 얼굴을 부싯돌 같이 굳게 하였으므로

내가 수치를 당하지 아니할 줄 아노라

_사 50:7-9

○
05   쓴 뿌리의 2단계
             수치심

수치심으로 이어지는 거짓

왜곡과 거짓에 매인 사람은 자연스럽게 수치심을 갖게 된다. 자기 자신에 대한 거짓말을 진리로 믿고 살기 때문이다.

  "나는 못생겼다. 나는 무능력하다. 나는 할 줄 아는 게 없다. 난 잘하는 게 없다."

  이런 거짓말을 진리로 받들어 믿고 사니 어떻게 될까? 자기 비하, 자기 연민에 빠지는 것은 물론, 자기 학대에까지 이르게 된다. 자신의 존재와 인생 전체를 거짓말에 담근 채 살아간다. 바로 이것이 왜곡의 함정이다.

  언젠가 내게 상담을 받은 전도사님이 있다. 그는 본래 자폐아였다. 게다가 발달 장애도 있었다. 먹을 때 보면 장난이 아니다.

옆 사람은 전혀 상관하지 않고 엄청난 속도로 음식을 '흡입'한다.

"이 친구야! 좀 천천히 먹어. 안 뺏어 먹을게."

아무리 달래도 전혀 소용이 없다. 남을 향한 배려가 없는 것이다. 인생 자체를 그렇게 살아왔다는 걸 짐작할 수 있었다. 그 친구를 혼도 내고, 기도도 해주었다. 그렇게 하나님을 만나 목회자로 살아가도록 도와주었다. 물론 지금은 그 친구가 교회 사역을 잘하고 있다.

나는 그를 만날 때마다 계속 이런 이야기를 했다.

"네가 너 자신에 대해 믿고 있는 거짓말을 날마다 예수 그리스도의 이름으로 대적해. 스스로 그 영향을 끊도록 노력해 봐."

실제로 나는 그와 몇 개월 동안 함께 지내면서 지속해서 대적기도를 시켰다.

"네 입으로 선포해야 해. 네 안에 있는 거짓말들 '나는 못 해. 나는 안 돼. 나는 못생겼어. 나는 머리가 돌인가 봐.' 이런 말을 전부 끊어 버려!"

이러한 훈련을 거듭한 결과, 그는 거짓 진리로부터 빠져나올 수 있었다.

나는 IQ테스트 결과를 믿지 않는다. 그 결과로 사람을 평가하는 것에 거부감이 든다. 그보다는 사람의 노력을 믿는다. 우리의 최선을 믿는 것, 그거면 된다. 결과는 하나님의 몫이다. 믿는 것은 하나님 안에서 그분의 능력을 믿는 것이고, 행하는 것은 우리가 할 수 있는 모든 것으로 최선을 다하는 것이다.

자기 자신에 대한 거짓 교훈과 왜곡을 털어 버리는 길은 오직 하나이다. 바로 거짓에 매인 자신을 하나님의 진리로 자유롭게 하는 것이다. 예수님은 진리가 우리를 자유롭게 할 것이라고 말씀하셨다(요 8:31-32). 조건은 단 하나, 진리를 '아는 것'이다. 먼저 진리를 인정하고 받아들인 후 그것에 기초해서 사고하고 말하며 행동하는 것이다.

하나님이 나를 어떻게 보시는가? 하나님이 나에 대해서 뭐라고 말씀하시는가? 이 질문에 대한 답은 성경에 기록되어 있다.

"너는 하나님의 존귀한 자녀이다!"

> 무릇 하나님의 영으로 인도함을 받는 사람은 곧 '하나님의 아들'이라 너희는 다시 무서워하는 종의 영을 받지 아니하고 양자의 영을 받았으므로 우리가 아빠 아버지라고 부르짖느니라 성령이 친히 우리의 영과 더불어 우리가 '하나님의 자녀'인 것을 증언하시나니 자녀이면 또한 상속자 곧 하나님의 상속자요 그리스도와 함께 한 상속자니 우리가 그와 함께 영광을 받기 위하여 고난도 함께 받아야 할 것이니라(롬 8:14-17)

> 그러나 너희는 택하신 족속이요 왕 같은 제사장들이요 거룩한 나라요 그의 소유가 된 백성이니 이는 너희를 어두운 데서 불러 내어 그

의 기이한 빛에 들어가게 하신 이의 아름다운 덕을 선포하게 하려 하심이라(벧전 2:9)

하나님께서는 우리를 위해 넘치도록 풍성한 '진리'를 성경에 기록해 놓으셨다. 그 귀한 말씀을 곁에 두고 주야로 묵상하며 믿음으로 선포해야 한다. 그 방법만이 거짓 메시지와 수치심으로 망가진 자아상과 자존감을 회복할 수 있는 유일한 길이다. 자존감은 돈이나 학력, 지위를 통해 얻을 수 있는 것이 아니다. 하나님의 말씀으로 내면의 왜곡을 바로잡을 때 비로소 자유로워진다. 다시는 거짓말에 구속받지 않게 되는 것이다.

앞서 밝힌 대로 나는 어릴 적에 소아마비를 앓아 장애를 갖게 되었다. 신체적 조건에 매여 살았다면 나는 이미 이 세상 사람이 아니었을 것이다. 성장하는 동안 수도 없이 절망하고 낙심했으며, 삶을 비관하는 마음에 스스로 목숨을 끊고 싶었던 적이 한두 번이 아니었다. 그러나 하나님은 내 안에 거짓 메시지가 자리 잡지 못하도록 여러 가지 모양과 방법으로 역사하셨다. 그중 나의 기억 속에 깊이 각인된 귀한 만남이 있다.

한국 예수전도단 설립자인 오대원 목사님이 'CCC'(한국대학생선교회)에 헌금을 하신 적이 있다. 당시 예수전도단 총무 간사로 섬기고 있던 나는 김준곤 목사님(CCC 설립자)께 헌금을 전하게 되었다. 그때까지 나는 김준곤 목사님을 직접 만나 본 적이 없었다.

언젠가 사진으로 보았던 그분의 얼굴이 어렴풋이 기억날 뿐이었다. 목적지에 도착하여 목사님이 계신 방에 들어가 보니 백발의 할아버지 한 분이 앉아 계셨다. 앞에 가서 꾸벅 인사를 드리자 목사님이 구수한 호남 지방 사투리로 이렇게 말씀하셨다.

"아니, 자네 다리는 어쩌다 그렇게 된 거야?"

"어렸을 때 소아마비를 앓아서 그렇습니다."

"저런, 어서 여기 앉게."

목사님은 나를 자리에 앉힌 후, 내 등을 다독거리면서 이렇게 말씀하셨다.

"고생했다, 고생했어. 오늘까지 사느라고 얼마나 고생했냐. 그래도 은혜다. 주가 너를 여기까지 인도하셨다."

그러면서 내 얼굴을 쓰다듬어 주시는데, 그 손길이 정말 큰 위로가 되었다. 그때 참 많이 울었던 기억이 난다. 목사님께 헌금을 드리고 나올 때 그분이 내게 해주신 말씀을 지금도 생생히 기억하고 있다.

"자네 가슴에 잘 새겨 두게. 사람들은 곰팡이를 보면 질겁하며 닦아 버리지 않나. 그러나 곰팡이에서는 항생 물질로 사용되는 페니실린이 나온다네. 곰팡이 없이 페니실린을 만들 수 없어. 세상은 자네를 곰팡이 같은 인생이라고 부를지 모르지만, 예수 안에서 자네는 페니실린 같은 사람이 될 거야."

하나님께서 그때 김준곤 목사님을 통해 내 안에 엄청난 역사를 행하셨다. 나를 얽어매고 있는 왜곡으로부터 풀어 주셨다. 나를 치료하신 것이다. 이는 내 인생에서 결코 잊을 수 없는 기억이다.

우리는 어떤 거짓말에 속고 있는가? 분명 나 자신을 묶고 있는 거짓말, 자신도 모르게 세뇌당하고 있는 거짓말이 있을 것이다. 못생겼다는 말인가? 바보 같다는 말인가? 더럽다는 말인가? 무능하다는 말인가? 완벽해야 사랑받을 수 있다는 말인가? 하나님은 너를 사랑하지 않으신다는 말인가? 그것이 어떤 말이든 개의치 말아야 한다. 부디 그런 거짓말에서 자유하길 바란다. 예수 그리스도의 이름으로 떠나가라고 강력히 선포하길 바란다.

"지금 이 시간, 내 안에 있는 모든 거짓 메시지는 떠나갈지어다!"

믿음으로 명령하면 떠나간다. 거짓 메시지의 영향력 아래서 얼마든지 벗어날 수 있다. 우리를 향한 하나님의 말씀, 그 진리를 붙잡으면 하나님이 역사하신다. 내면에 어떤 전쟁이 일어나고 있든지 '진리'를 붙잡고 승리하는 사람은 반드시 의의 면류관을 받게 될 것이다.

자신을 향한 수치심

왜곡된 거짓 메시지가 가져오는 것이 바로 '수치심'이다. 흔히 수치심이라고 하면 성적인 부분과 연관 지어 생각한다. 따라서 수치심을 정욕과 음란의 문제로 바라보는 경우가 많다.

> 여호와 하나님이 아담을 부르시며 그에게 이르시되 네가 어디 있느냐 이르되 내가 동산에서 하나님의 소리를 듣고 내가 벗었으므로 두려워하여 숨었나이다(창 3:9-10)

수치심의 시초가 '벗었다'라는 사실에서 유발되었으니 성적인 문제 아니냐고 생각할 수 있다. 하지만 그렇지 않다. 성적인 부분이 수치심을 가져오는 하나의 이유가 될 수는 있지만, 그것이 본질은 아니다. 수치심의 근원은 '하나님의 언약'과 관련되어 있다. 즉 하나님의 언약을 깨뜨렸기 때문에 수치심이 생겼다는 말이다.

성경은 하나님의 약속이 담긴 책이다. 이 약속은 하나님이 우리에게 허락하신 것인 동시에 우리가 하나님과 맺은 것이다. 사실 성경에서 말하는 언약은 약속과는 다른 의미이다. 약속은 사람 간에 맺는 것이다. 그러니 약속을 성취하기 위한 '행동'과 약속을 맺는 쌍방이 지켜야 할 '의무'에 초점이 있다. 바로 여기에서 계약이라는 개념이 나왔다. 하지만 하나님과의 언약은 창조자와 피조물이라는 '관계'에 초점이 있다. 피조물인 사람에게 공로나 자격이 없어도 이 언약이 값없이 주어진다. 모든 것을 하나님 쪽에서 일방적으로 떠안는 '불공정' 거래인 셈이다.

성경을 빼곡히 채우고 있는 하나님의 언약에서 발견되는 중요한 사실이 있다. 바로 하나님이 우리를 사랑하신다는 사실이다. 더구나 그 사랑이 '짝사랑'이라는 사실이 놀랍지 않은가? 조건적인 사랑밖에 모르는 우리로서는 하나님의 짝사랑을 제대로 설명할 수 없다. 아니 이해할 수조차 없다.

사랑은 이론이 아니라 경험을 통해서만 깨달을 수 있다. 살아 있는 '인격적 진리'이기 때문이다. 그래서 하나님은 그분의 사랑을 배우거나 받으라고 하지 않고 '보라'고 하신다.

> '보라' 아버지께서 어떠한 사랑을 우리에게 베푸사 하나님의 자녀라 일컬음을 받게 하셨는가, 우리가 그러하도다 그러므로 세상이 우리를 알지 못함은 그를 알지 못함이라 (요일 3:1)

하나님이 베푸신 사랑을 무엇을 보고 깨달으라고 하시는가? 우리에게 하나님 사랑의 본질이 무엇인지를 보여 주신 예수 그리스도의 '십자가'를 보라고 하신다. 십자가에 돌아가시고, 부활하신 주님의 사랑에는 죄와 사망 권세를 깨뜨리는 능력이 있다. 다시 말해 삶 가운데 있는 거짓과 저주를 이기셨다는 것이다. 쓴 뿌리가 아무리 독하고 질기다 해도 십자가 사랑과 부활 생명 앞에서는 불 앞의 눈처럼 녹아 버리게 되어 있다. 그래서 주님은 단 한 명의 자녀도 어두움에 빼앗기지 않으신다. 그것이 우리를 향한 하나님의 분명한 뜻이며 언약이다.

주님은 우리와 함께하신다. 우리가 그 사실을 믿든 안 믿든 상관없다. 내가 그분을 믿으면 주님이고, 안 믿으면 주님이 아닌가? 그렇지 않다. 주님은 우리 믿음의 여부에 상관없이 주님이시다. 주님이 우리와 함께하신다는 사실도 마찬가지이다. 우리가 아직 죄인 되었을 때부터 그분은 우리를 사랑하셨다(롬 5:8). 그러나 우리는 그분을 사랑하지 않았다. 아니 그분이 계신다는 것조차 의식하지 않고 살았다. 그런 우리에게 주님이 요구하시는 것은 무엇일까? 어떠한 삶을 살고 있든 상관없다. 중요한 것은 우리를 향한 하나님의 사랑이 변함없다는 사실을 '아는 것'이다. 어두움에 있든지, 골짜기로 떨어졌든지, 환난 가운데 거하든지 그 사실만 기억하면 된다.

사람은 왜곡된 거짓 메시지에 매여 하나님의 사랑을 저버렸다. 이 사랑을 잃어버리면서 수치심이 시작되었다. 일방적인 사랑, 무조건적인 사랑, 늘 함께 하는 사랑, 자유롭게 하는 사랑, 우리가 잃어버린 것은 바로 이 사랑의 언약이다. 사랑의 언약을 잃어버린 아담은 나뭇잎으로 하체를 가리며 무엇을 느꼈을까? 벗고 있어도 부끄럽지 않도록 보호하신 하나님의 사랑, 그 안정감을 자기 손으로 내던진 안타까움이었다. 연약함을 연약함으로, 허물을 허물로 보지 않게 하신 하나님의 품을 제 발로 뛰쳐나온 안타까움이었다. 보호막도, 안전장치도, 포장하는 것도 없이 자신의 현실 그대로를 직면하게 된 안타까움이었다. 가리시고, 덮으시고, 받쳐주시는 하나님의 사랑이 없이 자기 모습을 있는 그대로 직시하게 된 안타까움이었다. 자신의 연약함과 부족함으로 인해 하나님으로부터 도망치고 숨게 된 현실에 대한 안타까움이었다. 이 모든 수치를 아담은 '벌거벗음'으로 표현한 것이다.

이제 시간을 건너뛰어 골고다 언덕으로 가보자. 십자가에 달리신 예수 그리스도는 십자가 형벌의 규칙대로 실오라기 하나 거치지 않은 알몸으로 못 박히셨다. 주님은 만천하에 자신의 '벌거벗음'을 드러내시고 온갖 모멸과 수치를 겪으셨다. 이것이 무슨 의미인가? 첫째 아담의 범죄로 나타난 쓴 뿌리의 수치심을, 둘째 아담이신 예수 그리스도가 해결하셨다. 그분이 벗은 몸으로 십자가에 달리심으로써 모든 인류의 수치를 해결했다는 사실이 참으로 놀랍고 감격스러울 뿐이다.

수치심은 무엇인가? 아담으로부터 우리에게 전해 내려온 수치심의 정체는 무엇인가? 그것은 바로 하나님의 언약을 깨뜨리고, 그분의 사랑으로부터 떠난 자기 자신을 바라보는 안타까움이다.

학대, 수치심의 자양분

수치심이 세대를 따라 계속 대물림되는 까닭은 우리 삶 가운데 수치심을 강화하고 자라나게 하는 요소가 있기 때문이다. 이때 악하고 부정적인 영향력이 심해지면 다양한 모습의 학대로까지 나아가게 된다. 과연 어떤 요소들이 영향을 미치는 걸까.

① 자신에 대한 거짓 메시지

앞서 밝힌 것처럼 우리 안에 수치심을 더욱 응어리지게 하는 것은 자기 자신에 대한 '거짓 메시지'이다.

미국의 유명한 치유 사역자이자 가정 상담가인 제임스 돕슨(James Dobson) 목사는 거짓 메시지를 '가면'에 비유한다. 거짓 메시지를 믿고 사는 것은 흉측한 가면을 쓴 채 그것이 진짜 자기 얼굴인 줄 알고 사는 것과 같다는 것이다. 쉽게 말해 자신의 몸에 맞지 않는 옷을 입은 채로 자기 몸이 그렇게 생겼다고 믿는 것과 같다.

예수전도단의 DTS(Disciple Training School)에 정신장애를 앓고 있는 한 형제가 들어왔다. 대부분 DTS는 초반부에 '내적치유' 기간을 갖는다. 바로 그 기간에 이 형제의 어린 시절 이야기를 듣게 되었다. 너무 안타깝고 기가 막힌 사연이었다.

그의 가족은 부모님과 두 형제, 이렇게 네 식구였다. 주정뱅이인 그의 아버지는 걸핏하면 술에 취해 집에 들어와 폭력을 행사했다. 그는 술에 취한 아버지가 어머니의 머리채를 휘어잡고 때리거나, 형을 무지막지하게 두들겨 패는 모습을 밥 먹듯이 지켜보며 자랐다.

그가 11살이 되던 해, 끔찍한 일이 벌어졌다. 아버지의 폭력을 견디다 못한 형이 끝내 자살한 것이다. 형은 "내가 문제야. 나만 없어지면 돼. 내가 이 지긋지긋한 집구석에서 사라져 주겠어."라고 말하며, 동생인 그에게 농약을 갖다 달라고 했다. 아직 어렸던 그는 아무것도 모른 채 형에게 농약을 갖다 주었다. 동생이 건네준 농약 한 통을 모두 들이마신 형은 고통 속에 발버둥 치다가 그만 숨을 거두고 말았다. 부모님이 안 계신 상황에서 느닷없이 벌어진 일이었다. 그는 아무 손도 쓰지 못한 채 형이 끔찍하게 죽어가는 모습을 지켜볼 수밖에 없었다.

그는 이때를 기점으로 정신이상 증세를 보이기 시작한다. 자기가 갖다 준 농약 때문에 형이 죽었으니, 자기가 형을 죽인 것이라고 생각하게 된 것이다. 깊은 죄책감과 자기 모멸감에 괴로워하던 그는 점점 자기를 학대하기 시작했고, 처참한 어둠 속에서 헤매는 안타까운 인생을 살게 되었다.

세월이 흘러 성인이 되었어도 달라진 것은 없었다. 오히려 그의 가슴속에는 자기가 형을 죽였다는 자책감이 깊이 뿌리를 내리고 있었다. 과거의 기억에 꽁꽁 묶여 괴로워하는 11살짜리 어린아이가 그대로 남아 있었다. 그러던 중에 하나님의 은혜로 예수전도단에서 훈련을 받게 된 것이다. 그런데 DTS에 들어와 보니 죽은 형과 비슷하게 생긴 간사님이 있었다. 그 간사님을 볼 때마다 그는 '자기가 죽인' 형이 생각나서 견딜 수가 없었다. 그렇게 보지 않으려고 안간힘을 써 봐도 마음처럼 되지 않았다. 너무 고통스러워서 훈련을 포기하고 집에 돌아가려고 한 게 몇 번인지 모른다. 그럴 때마다 간사님들과 동료 훈련생들이 눈물로 간곡히 기도하며 그를 붙잡아 주었다.

드디어 치유 기간의 마지막 밤, 주님의 은혜가 그에게 임했다. 자기가 형을 죽였다는 수치심과 죄책감의 노예로 살았던 그에게 주님이 찾아오신 것이다. 주님은 그가 그토록 숨기고 싶어 하던 11살 때의 기억과 감정을 다시 끄집어내셨다. 그리고 죽은 형과 닮은 간사님의 입을 빌려 이렇게 말씀하셨다.

"너 때문이 아니야. 네 잘못이 아니란다. 절대 네가 형을 죽인 것이 아니야. 나는 네가 형 때문에 더는 고통 받고 아파하지 않았으면 좋겠단다. 넌 나의 사랑하는 아들이다."

그는 이 말씀 앞에서 뒤집어졌다. 바로 그때 선포된 하나님의 진리가 그를 얽어매고 있던 거짓 메시지를 깨뜨린 것이다. 이로써 그는 자유를 얻었다. 이 회복의 시간을 통해 그를 괴롭히던 정신이상의 문제도 거짓말처럼 말끔히 사라졌다.

주님을 만나기 전까지 그는 거짓 메시지에 사로잡혀 살았다. 이것은 누구에 대한 것이었는가? 자기 자신에 대한 거짓 메시지였다. 이 이야기를 통해 알 수 있는 것처럼, 자신에 대한 거짓 메시지는 계속해서 우리 내면에 '수치심'이라는 쓴 뿌리를 확대하고 재생산한다. 그러므로 내가 나에 대해 믿고 있는 거짓말이 무엇인지 찾아내어 예수 그리스도의 보혈로 씻어야 한다. 그렇게 될 때 거짓말의 영향으로부터 자유롭게 될 수 있다.

② 폭력

폭력의 종류는 여러 가지이다. 말로 하는 언어폭력, 부정적인 감정을 전달하는 정서적인 폭력, 몸에 상처를 입히는 신체적인 폭력, 그리고 환경적인 폭력에 이르기까지 다양하다. 그중에서 가장 가슴 아픈 것은 언어폭력과 신체적인 폭력이다.

그런데 사람이 이토록 다양한 폭력을 어디에서 가장 처음 경험하게 되는지 아는가? 바로 '가정'이다. 함부로 말하고, 불안하게 하고, 눈치 보게 하고, 일관성 없이 때리고, 필요한 것을 공급해 주지 않음을 최초로 경험하는 곳이 바로 가정이다. 참 아이러니하다. 세상에서 가장 안전한 곳이어야 할 가정 안에 오히려 안타깝고 끔찍한 것들이 난무하니 말이다.

혹시 '무뢰'라는 말을 들어봤는가? '무뢰'는 성품이 고르지 못하여 함부로 행동하는 사람을 뜻한다. 언뜻 '무례'라는 단어와 어감도 비슷하고 뜻도 유사하다. 우리의 가정은 이런 '무뢰'가 아닌 '신뢰'가 쌓여야 하는 곳이다. 누군가를 믿고 의지함, 그 신뢰가 있어야 한다. 다른 곳에서는 몰라도 가정에서만큼은 서로에 대한 신뢰가 있어야 한다. 다른 사람은 아니어도 가족끼리는 서로 믿어 주며 살아야 한다. 하지만 대부분의 가정이 안고 있는 현실은 무엇인가? 바로 무뢰이다. 서로 믿지 못하는 현실이다.

믿지 못하니까 어떤 일이 벌어지는가? 무슨 말을 해도 무시하며 귀담아들으려 하지 않는다. 그러다 보면 자연스럽게 가족 안에서 대화가 단절된다. 일상적인 대화, 목적이 있는 대화만이 오가는 삭막한 상황이 연출된다.

"밥 먹었어?", "시험 잘 봤어?", "나 돈 필요해."

하지만 진짜 속내는 털어놓지 않는다. 아내에게도, 남편에게도, 아버지에게도, 어머니에게도, 자녀에게도, 형에게도, 누나에게도, 동생에게도 털어놓지 못한다. 그래서 결국 돌고 돌아 친구에게 털어놓는다. 왜 이런 상황이 생기는 걸까? 가족은 내 이야기를 귀 기울여 들어 주지 않기 때문이다. 들으려 하기는커녕 계속 자기 말만 하려고 하니 말이다.

사실 인생에서 웬만한 문제는 다 가정 안에서 해결해야 한다. 당연히 그렇게 할 수 있다. 가족이 힘이 되고, 지지기반이 되어야 한다. 그것이 하나님께서 가정을 만드신 이유 중 하나이다. 그런데 신뢰 대신 무뢰의 관계가 형성되니까 모든 문제를 가정 바깥으로 가져간다. 각자 알아서 해결하는 것이다. 철저하게 자신을 가리고, 섣불리 보여 주지 않는다. 별일 있냐고 물으면, 별일 없다고 대답한다. 하지만 각자의 내면에는 엄청난 문제가 터지고 있다. 이것처럼 슬픈 일이 어디 있을까. 대체 왜 이런 일이 벌어지는 걸까. 이유는 분명하다. 가정 안에 '폭력'이 난무하기 때문이다. 바로 그 폭력 때문에 수치심이 강화되는 결과가 나타난다.

폭력이 수치심을 강화하는 이유는 무엇일까? 하나님의 언약을 깨뜨린 결과로 나타난 것이 수치심이다. 언약을 깨뜨린 우리는 자신의 연약함과 허물, 그리고 상처까지 감싸고 보호하시는 하나님의 사랑으로부터 떨어져 나왔다. 즉 우리의 잘못된 선택과 어리석음으로 인해 겪게 될 모든 고통과 충격을 막아 줄 완충장치와 보호막이 사라졌다는 이야기이다. 범죄와 갈등과 스트레스와 실패의 충격을 직격탄으로 받게 되었다는 사실이다.

폭력의 영향력도 마찬가지이다. 사람이 사람에게 폭력을 행사할 때, 사실은 당하는 쪽만 망가지는 것이 아니다. 가해자는 아무렇지도 않을 것 같지만, 폭력은 영적인 부분에까지 영향을 주기 때문에 양쪽 모두가 부정적이고 파괴적인 결과를 맞게 된다. 바로 그것이 수치심을 더욱 조장하고 강화한다.

대부분 가정에서 그런 경험을 하고 있지 않은가? 신뢰 대신 무뢰가 형성되면서 서로를 함부로 생각하고 무례하게 대한다.

'가족이니까 함부로 해도 돼.'

'가족이니까 대충해도 돼.'

가족이라는 핑계로 폭력이 난무한다. 가족이라면 보호해 주고 존중해 줘야 할 텐데 말이다. 서로서로 소중하게 여겨야 한다. 그런데 현실은 그렇지 않다. 보호는커녕 말 한마디를 해도 아무 생각 없이 함부로 한다. 아무리 부모라고 해도 자식에게 할 말이 있고, 해서는 안 될 말이 있다. 아무리 부모라고 해도 아이들이 보는 앞에서 해도 되는 행동이 있고, 해서는 안 될 행동이 있다. 그런데 요즘은 그런 개념 자체가 없어졌다. 그저 감정 흐르는 대로, 기분 내키는 대로 결정하고 말하고 행동한다. 그러므로 수치심과 관련해서 우리는 이것을 생각해 봐야 한다.

'나는 어떤 폭력을 경험했는가?'

'나는 어떤 폭력을 행사했는가?'

바로 그 '폭력' 때문에 수치심이 자라나기 때문이다.

③ 음란함

음란함도 수치심을 강화하는 요소 중 하나이다. 언제부터인가 한국 사회에는 '음란'이 전염병처럼 만연하고 있다. 음란의 극치는 '성폭력'이라는 현상으로 나타난다. 어쩌다 이렇게 된 걸까?

역사를 살펴보면, 오랜 세월 동안 나라를 주도하던 세력에게는 공통된 특징이 있다. 자신의 기득권을 유지하기 위해 국민의 눈과 마음을 '성'(性)적인 것에 집중시켰다는 사실이다. 그 때문에 우리 내면과 사회에 음란함이 자리 잡기 시작했다. 음란함은 4가지 형태로 우리 안에 들어온다. 본 것, 들은 것, 행동한 것, 느낀 것이다.

우리는 어떤 경로를 통해 이런 자극을 받아들이는가? 주로 '대중매체'를 통해서이다. 광고, 영화, 드라마, 그리고 노래와 춤은 갈수록 음란해진다. 그럴수록 대중들로부터 더 많은 관심과 인기를 얻기 때문이다. 이러한 매체가 개인과 가정, 교회와 사회에 끼친 영향은 매일 뉴스를 통해 전해지고 있다. 차마 입에 담을 수도 없는 놀랍고 끔찍한 일들이 나날이 증가하고 있다. 그런데 뉴스를 통해 보도되지 않거나, 경찰에 미처 신고하지 못한 성폭행 사건은 또 얼마나 많을지 가히 짐작도 어려울 뿐이다.

한국 사회에서 야기되는 음란의 문제는 그 심각성이 매우 크다. 바다 건너 미국에서 발행되는 'LA Times'나 'The New York Times' 같은 신문에서 한국 성폭력 문제를 다룰 정도이다. 사설에서는 이렇게 일갈한다.

"대한민국은 도대체 어떤 나라이기에 이런 문제가 밥 먹듯이 일어나는가?"

사설의 끝은 'South Korea'(한국)가 아닌 'Stupid Korea'(멍청한 한국)라는 단어로 장식된다. 대한민국이 바보 같은 나라란다. 이 신문들이 공통으로 지적하는 문제는 정치 권력을 등에 업은 대중매체가 이 현상을 부추기고 주도한다는 것이다. 이것을 경계하고 개선해 나가지 않으면, 한국이 안고 있는 '음란병'을 고칠 수 없다고 경고하고 있다. 사실 내가 보기에는 미국이나 유럽도 우리와 처지가 크게 다르지 않다. 하지만 어쨌든 그들의 쓴소리를 귀담아들을 필요가 있다.

생각해 보자. 한국에서 '주택가'라는 개념이 아직 남아 있는 지역이 얼마나 되는가? 대부분 유흥가나 홍등가와 뒤섞여 있어 요즘은 온전히 가정집만 있는 주택가를 보기가 어렵다. 보통 술집과 여관을 끼고 있기 마련이다. 그런데도 다들 '나만 안 당하면 돼. 내 새끼만 거기 안 들어가면 돼.'라고 생각하며 산다. 극단적인 이기주의다.

음란함이 왜 수치심과 연관되는지 아는가? 음란함의 뿌리가 수치심과 같기 때문이다. 잃어버린 사랑, 받지 못한 사랑에서 음란함의 뿌리가 시작됐다. 이처럼 받아야 할 사랑을 받지 못하면 음란한 마음을 품게 된다.

다윗도 그랬다. 그는 충성스러운 부하인 우리아의 아내를 범한다(삼하 11장 참고). 하나님의 마음에 합한 자가 왜 그런 음란한 짓을 한 걸까? 사실 다윗은 하나님 외에는 누구에게도 사랑을 받은 적이 없었다. 가족에게서조차 말이다.

다윗의 아비 이새에게는 8명의 아들이 있었다. 다윗은 그중 막내였다. 그런데 이상하게도 이새는 다윗에게 양을 돌보는 일을 맡겼다. 집에서 일하는 하인에게 맡기면 될 일을 굳이 사랑하는 막내아들에게 시킨 것이다. 또한 선지자 사무엘이 아들 중 한 명을 이스라엘 왕으로 세우고자 찾아왔을 때도 다윗을 부르지 않았다. 다윗을 제외한 다른 아들은 모두 불러 모았으면서 말이다. 얼마 후 블레셋의 침략으로 인해 전쟁이 일어났다. 이에 다윗의 형 3명이 사울을 따라 군인으로 징집당한다(삼상 17:13). 이새는 전선에 나가 있는 아들들 걱정에 잠을 못 이룬다. 결국 이새는 전황을 알아보기 위해 부랴부랴 위문품 보따리를 싸서 다윗을 전쟁터로 보낸다. 해도 너무하는 것 아닌가? 왕의 기름부음을 받는 일에는 다윗만 쏙 빼놓더니, 전쟁터에 위문품을 전달하는 위험한 일은 다른 형제 다 제쳐 놓고 막내 다윗을 1순위로 투입하다니 말이다. 이런 아버지 밑에서 다윗이 어찌 충분한 사랑을 받으며 성장할 수 있었겠는가. 오죽하면 이런 노래까지 불렀을까 싶다.

> 내가 나의 형제에게는 객이 되고 나의 어머니의 자녀에게는 낯선 사람이 되었나이다(시 69:8)

말이 가족이지 그에게는 남이나 다를 바 없었다. 다윗은 외로웠다. 다른 형제들처럼 아버지에게 사랑받고 싶은데, 그렇지 못해서 슬펐던 것이다. 그가 범한 음란죄는 잃어버린 사랑에 대한 안타까움이 있었다는 증거이다.

> 주 만군의 여호와여 주를 바라는 자들이 나를 인하여 수치를 당하게 하지 마옵소서 이스라엘의 하나님이여 주를 찾는 자가 나로 말미암아 욕을 당하게 하지 마옵소서 내가 주를 위하여 비방을 받았사오니 수치가 나의 얼굴에 덮였나이다(시 69:6-7)

다윗의 이 고백은 결핍된 사랑에서 비롯된 수치심이 그를 평생 괴롭혔음을 보여 주고 있다. 사울을 비롯한 많은 대적이 그를 모함하고 비방할 때마다, 그는 수치심에 사로잡혀 견딜 수 없었다.

수치심 때문에 하나님을 두려워하다

수치심을 지닌 사람은 하나님을 두려워하게 된다. 하나님 앞에 수치스러운 모습으로 설 생각을 하니 두렵고 불안하고 근심할 수밖에 없다.

> 내가 하나님을 기억하고 불안하여 근심하니 내 심령이 상하도다 (셀라)(시 77:3)

두려움이 어찌나 큰지 심령이 상할 정도라고 고백한다. 누구 생각 때문에 마음이 상한다고 하는 것인가. 바로 하나님 때문이다. 이제 그는 하나님을 무섭고 괴팍한 분으로 바라본다. 잠을 못 이룰 만큼 자신을 괴롭히는 존재로 여기는 것이다.

> 주께서 내가 눈을 붙이지 못하게 하시니 내가 괴로워 말할 수 없나이다(시 77:4)

그는 결국, 하나님을 왜곡된 존재로 인식하게 된다.

> 주께서 영원히 버리실까, 다시는 은혜를 베풀지 아니하실까, 그의 인자하심은 영원히 끝났는가, 그의 약속하심도 영구히 폐하였는가
>
> (시 77:7-8)

영원히 나를 버리신 분, 두 번 다시 은혜를 베풀지 않으시는 분, 나를 향한 인자하심을 그치신 분, 모든 언약을 거둬 가신 분으로 생각할 지경까지 이르는 것이다.

"하나님이 나를 기뻐하지 않는다고 믿습니다."

"내가 미워서 떠나가셨다고 믿습니다."

그래서 스스로 하나님을 떠나야 할 것 같다고 생각한다. 아무리 열심히 예배해도 하나님을 경험할 수 없고, 아무리 간절히 기도해도 응답이 없기 때문이다.

이것이 하나님의 음성을 듣지 못하는, 하나님이 내게 말씀하지 않으신다고 생각하는 사람들의 영적 상태이다. 말씀하셔도 듣지 못하고, 보여 주셔도 보지 못하고, 모든 것을 허락하셨지만 깨닫지 못한다. 은혜받는 자리에 가 봐도 별 소용이 없다. 변화는 일어나지 않고 열매도 없다. 결국에는 은혜받은 '척'만 하고 다닐 뿐이다.

쓴 뿌리의 3단계

두려움

너희가 어찌하여 매를 더 맞으려고
패역을 거듭하느냐 온 머리는 병들었고
온 마음은 피곤하였으며
발바닥에서 머리까지 성한 곳이 없이
상한 것과 터진 것과
새로 맞은 흔적뿐이거늘
그것을 짜며 싸매며
기름으로 부드럽게 함을
받지 못하였도다
_ 사 1:5

06 쓴 뿌리의 3단계 두려움

창세기 3장에 나타난 쓴 뿌리의 세 번째 단계는 '두려움'이다. 수치심에 빠진 사람은 하나님을 두려워하고, 자신을 향한 하나님의 뜻을 의심하게 된다. 따라서 앞날에 대한 두려움을 갖게 된다. 주위 사람 열이면 열을 붙잡고 말해보면, 그들이 공통으로 두려워하는 게 있다. 바로 '미래'이다. 불확실하고 불투명한 미래가 죽는 것보다 더 두렵다고들 한다.

모세를 잃은 여호수아

여호와의 종 모세가 죽은 후에 여호와께서 모세의 수종자 눈의 아들 여호수아에게 말씀하여 이르시되 내 종 모세가 죽었으니 이제

> 너는 이 모든 백성과 더불어 일어나 이 요단을 건너 내가 그들 곧 이
> 스라엘 자손에게 주는 그 땅으로 가라 내가 모세에게 말한 바와 같
> 이 너희 발바닥으로 밟는 곳은 모두 내가 너희에게 주었노니 곧 광
> 야와 이 레바논에서부터 큰 강 곧 유브라데 강까지 헷 족속의 온 땅
> 과 또 해 지는 쪽 대해까지 너희의 영토가 되리라 네 평생에 너를 능
> 히 대적할 자가 없으리니 내가 모세와 함께 있었던 것 같이 너와 함
> 께 있을 것임이니라 내가 너를 떠나지 아니하며 버리지 아니하리니
>
> (수 1:1-5)

하나님은 여호수아를 쓰시겠다는 기막힌 계획을 선포하신다. 그러나 여호수아의 귀에는 이 말씀이 전혀 들어오지 않는다. 왜 일까? 모세가 죽었기 때문이다. 모세가 죽었다는 사실에 대한 하나님의 생각과 여호수아의 생각은 그야말로 하늘과 땅 차이를 보인다. 하나님께서는 모세가 그저 열조로 돌아간 것이라고 여기셨지만, 여호수아는 그동안 의지했던 모든 것이 사라진 중대 사건으로 받아들였다.

모세와 여호수아의 관계는 어떠했는가. 여호수아는 항상 모세 곁에 머물러 그를 섬기며 의지했다. 마치 그의 분신과도 같았다. 어쩌면 모세는 그의 아내 십보라보다 여호수아와 더 많은 시간을 함께했을지도 모른다. 그렇다면 여호수아가 모세를 얼마나 의지했을지 대충 감이 온다. 이처럼 여호수아가 그토록 따르고 의지했던 모세가 죽었다. 게다가 자신이 모세의 뒤를 이어 이스

라엘 지도자가 되었다. 이제는 모든 것을 모세 없이 홀로 감당해야 했다. 이런 상황이니 하나님이 기가 막힌 마스터플랜을 제시하셔도 귀에 들어오지 않았을 것이다.

사실은 여호수아 본인이 원해서 여기까지 온 게 아니었다.

"이 산지를 내게 주소서!"

이렇게 부르짖으며 하나님께 매달리지 않았다. 전부 하나님이 시작하신 일이고, 여호수아는 하나님의 부르심을 받아 '끌려온' 것이다. 하나님의 부르심에는 선택의 여지가 없다. 왜 그런가? 그분이 주님이시니 그렇다.

하나님은 여호수아에게 엄청나게 놀라운 말씀을 하신다. '발바닥으로 밟는 곳'은 모두 주겠다고 말이다. 하지만 여호수아의 솔직한 심정은 이랬을 것이다.

'지금껏 제 발바닥으로 밟아 본 장소도 없고요, 그런 거 원하지도 않습니다. 제발 저를 그냥 내버려 두세요.'

하나님의 음성을 못 듣는 여호수아

그동안 여호수아의 버팀목이 되었던 모세가 세상을 떠난 후, 그는 깊은 슬럼프에 빠진다. 어떤 일에도 동기부여를 받지 못한 채, 공황상태에 빠져 넋을 놓고 있다. 하나님께서는 그런 여호수아를 향해 계속 말씀하신다.

> 오직 강하고 극히 담대하여 나의 종 모세가 네게 명령한 그 율법을 다 지켜 행하고 우로나 좌로나 치우치지 말라 그리하면 어디로 가든지 형통하리니 (수 1:7)

왜 하나님은 '모세를 통해 말씀하신 것'에 집중하라고 하실까? 이는 여호수아가 하나님의 말씀을 듣지 않았기 때문이다. 정확하게 말하면 듣지 못한 것이다. 두려워하는 사람은 하나님의 음성을 들을 수 없다. 그러니까 "하나님 음성을 못 듣겠어요."라는 말은 "두려움 때문에 하나님 음성이 안 들려요."라고 해석할 수 있다. 세상을 향한 염려와 걱정, 다가올 미래에 대한 근심이 있다는 말이다.

사실 여기서의 두려움은 '갈등'에 가깝다.

'이건 어떻게 하지? 저건 어떻게 할까?'

마음속으로 끊임없이 고민하는 것이다. 이른바 '저울질'을 하는 것이다. 할지 말지, 갈지 말지, 순종할지 거역할지를 놓고 혼자 계산하는 것이다. 하지만 아무리 저울에 달아보고 계산기를 두들겨 봐야 빤한 일 아닌가? 하나님의 일은 그런 식으로 되는 게 아니다. 따라서 저울질이 잦아질수록, 계산기를 두드릴수록 사람들은 한층 더 깊은 두려움에 빠져든다. 그 두려움은 마치 '안개'와 같다.

나는 안개의 위력을 몸소 체험한 적이 있다. 예전에 훈련을 받기 위해 스위스에서 살았을 때의 일이다. 그 나라는 안개가 매우 심하게 낀다. 안개 때문에 강의를 들으러 가지 못했을 정도로 안개가 극심했다. 안개가 시야를 가려서 걸음을 옮길 수 없었으니 말이다. 안개 속을 한참 걷다 보면, 길이 아니라 길옆 잔디밭으로 가고 있다는 사실을 깨닫게 된다. 안개가 얼마나 짙은지 내 발도 안 보였다. 게다가 스위스의 안개는 그 안에 습기를 잔뜩 머금고 있어서 무겁기까지 하다. 그 안에서 걸어 다니면 옷이 축축하게 젖을 정도이다. '안개비'라고 부르는 것이 딱 어울린다.

안개는 통증을 주지 않는다. 안개 자체로 아프진 않으니까 말이다. 하지만 안개는 굉장히 답답한 느낌을 준다. 미래에 대한 두려움의 성격이 이런 안개와 비슷하다. 두려움도 안개처럼 상처를 주거나 아프게 하지는 않는다. 하지만 마음을 몹시 답답하게 한다. 어떻게 풀려나갈지 예측 불가한 자신의 앞날이 막막하기 때문이다.

사람들은 그 두려움을 해소하고자 대안을 찾는다. 불확실한 미래를 대비하고, 앞날을 보장받고 싶은 마음 때문이다. 그래서 우후죽순으로 찾게 된 것이 '보험'이다. 요즘은 가입하기도 쉬워졌다. 묻지도 따지지도 않고 가입을 시켜준다. 한국에 들어올 때마다 텔레비전을 틀어보면 가장 흔히 볼 수 있는 광고가 보험과 대출이다. 이 채널을 틀면 보험 광고, 저 채널을 틀면 대출 광고…. 한번 진지하게 생각해 볼일이다. 우리는 보험이나 대출만큼이라도 하나님의 능력을 기대하고 신뢰하며 살고 있는가?

거짓 용기와 회피를 가져오는 두려움

두려움이 적정 수준(자신이 감당할 수 있는 수준)을 넘어서면, 의외의 방식으로 '왜곡'이 일어난다. 거짓 용기를 내기도 하고, 건강하지 않은 긍정의 힘이 발휘되기도 한다. 문제를 직면하지 않고 회피하려는 행동이 나타난다. 저주의 말을 듣고도 괜찮다고, 괜찮을 거라고 스스로 위로한다. 아무렇지도 않은 '척'을 한다.

일본에서 사역하는 친한 목사님께 이런 이야기를 전해 들었다. 일본에 대지진과 쓰나미가 일어난 2011년의 일이다. 그때 뉴스에서는 한 젊은 여성을 인터뷰한 장면을 보도했다. 쓰나미에 쓸려 8살짜리 딸을 잃은 엄마였다. 인터뷰 내용을 들어보니 사연이 너무 안타까웠다. 아이의 손을 꼭 붙들고 있었는데, 갑자기 덮친 물살에 그만 아이를 놓쳐 버렸다는 것이다. 한순간에 휩쓸려 떠내려갔으니 살아 있을 리 만무했다. 만약 진짜 한순간에 딸을 잃은 처지라면, 이 여성과 같은 상황에서 어떻게 반응하겠는가? 그러나 이 여성은 매우 의외의 반응을 보였다.

"지금 심정이 어떻습니까?"

기자가 이 질문에 마치 남의 일을 말하듯이 차근차근히 설명했다. 그녀의 얼굴에는 아무런 감정도 묻어나지 않았다. 그 방송을 보던 목사님은 깜짝 놀라지 않을 수 없었다.

"아니, 자기 새끼가 죽었는데…. 어쩜 저렇게 별일 아닌 것처럼, 남의 일처럼 얘기할 수 있어?"

일본인들이 어릴 때부터 귀에 못이 박이게 듣는 말이 있다.

"다른 사람에게 절대로 폐를 끼쳐서는 안 된다. 아무리 힘들어도 견뎌라. 남에게 힘들고 어렵다는 말을 해서는 안 된다."

일본에서 사역하고 집회를 해보면, 정말 그렇구나 싶을 때가 많다. 그들을 억누르는 것이 참 많다. 슬프고 안타까운 일이다. 우리나라 사람은 절대 그렇게 할 수 없을 것이다. 죽은 아이의 이름을 부르며 울부짖고, 어쩌면 옆에 있는 물건들을 때려 부술지도 모른다. 아마 난리가 날 것이다. 그게 우리의 민족 정서이다.

그런데 일본 사람들은 하나같이 무표정하게 반응한다.

"얼마나 힘드셨어요. 정말 무서우셨죠?"

"네, 쓰나미도 무섭고 지진도 무서워요."

"가족을 잃어서 얼마나 슬프세요?"

"네, 정말 슬프군요."

하지만 얼굴에는 정작 슬픈 표정이 하나도 드러나지 않는다. 말은 슬프다고 하는데 풍기는 분위기는 '기계'와 같다. 그게 바로 일본의 민족 정서인 것이다.

두려움은 자기 자신을 의지하게 한다

두려움은 자기 자신의 지혜와 방법, 수단을 의지하게 한다.

말들이 어찌 바위 위에서 달리겠으며 소가 어찌 거기서 밭 갈겠느냐 그런데 너희는 정의를 쓸개로 바꾸며 공의의 열매를 쓴 쑥으로 바꾸며 허무한 것을 기뻐하며 이르기를 우리는 우리의 힘으로 뿔들을 취하지 아니하였느냐 하는도다(암 6:12-13)

아모스서는 이스라엘이 받을 심판에 대한 내용이 기록된 책이다. 유다의 농부이자 목동이었던 아모스는 선지자로 부름을 받은 인물이다. 그는 이스라엘 백성을 향해 이렇게 선포한다.

"이스라엘 사람들아, 잘 들어라! 여호와의 날이 다가오고 있다. 그날은 두렵고 무섭고 어두운 날이 될 것이다."

하지만 아모스의 예언을 받아든 이스라엘 백성의 반응은 참으로 안타깝다. 위의 구절은 하나님이 그들의 모습을 꼬집어 말씀하신 내용이다. 그런데 이 구절을 곰곰이 읽어 보면 쉽게 이해가 안 되는 부분이 있다. 말이 바위 위에서 달린다는 문장만 해도 그렇다. 그리고 소가 어떻게 바위 위에서 밭을 갈겠는가? 말이 안 된다. 그렇다면 이 구절이 뜻하는 것은 무엇일까? 이스라엘이 하나님의 심판 경고를 듣고도 상식을 벗어난 행동을 하고 있다는 것이다.

이 말씀에서 바위가 바로 '두려움'을 상징한다. 말과 소는 이스라엘 백성이 의지하는 지혜와 방법, 수단을 상징한다. 바위 위에서 말과 소가 아무것도 할 수 없듯이, 두려움에 사로잡힌 사람의 지혜와 방법, 그리고 수단은 전부 무용지물이라는 것이다. 그런데도 이스라엘은 '정의와 공의의 열매'가 상징하는 하나님의 뜻을 무엇으로 바꿨는가? 쓸개와 쓴 쑥으로 바꿨다. 모두 '쓴' 것들이다. 즉 쓴 뿌리에 더 깊이 빠져들어 자신들의 힘을 맹신하기에 이르렀다는 이야기이다.

두려움은 인간의 지혜와 세상의 방법을 하나님처럼 떠받들게 만든다. 두려움에 사로잡힌 사람은 자신이 알고 있는 정보와 지식에 목을 맨다. 자신이 알고 있는 지식을 마치 하나님처럼 믿고 싶어 한다. 그리고 자기 선에서 문제를 해결할 수 있는 길을 찾는다. 이것도 해보고 저것도 해보면서 말이다. 하지만 그럴수록 더 슬퍼질 뿐이다. 그런 노력만으로 해결될 일이 아니기 때문이다.

주님의 방법으로 두려움 이기기

두려움을 딛고 승리하기 위해서는 하나님의 길과 주님의 방법을 구해야 한다. 사람의 상식과 지혜, 그리고 세상의 방법을 따르는 것은 왜곡에 빠져 거짓 메시지에 귀를 기울이는 것이다.

나 또한 거짓 메시지에 마음을 뺏기지 않고자 몸부림쳤던 경험이 있다. 예전에 몽골에서 진행하는 예수전도단 DTS에 강의하러 갔을 때의 일이다. 그때 몽골에 엄청난 눈이 내렸다. 이러한 악천후로 인해 일정에 차질이 빚어졌다. 본래 일정대로라면 오전에 몽골을 떠나, 오후에 인천 공항에 도착하여, 저녁때 LA로 출발해야 했다. LA에서 열리는 집회 일정이 잡혀 있었기 때문에, 강의를 마치고 서둘러 출발해도 시간이 부족할 상황이었다. 그런데 문제는 눈이 너무 많이 왔다. 잠깐 창문을 열어 놨는데, 삽시간에 눈보라가 들이치는 바람에 방 안이 난장판이 될 정도였다. 불과 몇 초 만에 눈이 한가득 쌓였다. 그 위력이 실로 엄청났다. 그때가 10월이었는데, 바깥 온도가 영하 40도였다. 그래도 나는 반드시 가야 한다고 고집을 피웠다. 집회에 초청된 강사가 안 가면 강의는 누가 하는가? 하지만 몽골 사역자들은 하나같이 못 간다고 고개를 저었다. 이런 날씨에는 비행기가 아예 뜰 수가 없다는 것이다. 사실 그 말이 일리가 있다. 눈이 그친 후 밖에 나가보니 쌓인 눈의 높이가 무려 1m에 육박했다. 결국 예정한 날짜인 금요일에 출발하지 못했다.

이윽고 토요일이 되었다. 공항에 문의해 보니 인천공항으로 가는 비행기가 없다고 했다. 그래서 또 떠나지 못했다. 나를 초청한 분에게 부랴부랴 연락을 취하긴 했지만, 내 속은 한없이 타들어 가는 것만 같았다. 드디어 주일이 되었다. 집회는 월요일부터 시작될 예정이었다. 아침 일찍 짐을 꾸려놓고 하나님 앞에 나아가 물었다.

"주님, 오늘은 갈 수 있을까요?"

"오늘은 떠날 수 있다. 공항으로 나가라"

하나님의 응답을 받았으니, 곧장 짐을 꾸려나갈 채비를 했다. 사람들은 그런 나를 보며 만류했다. 공항에 나가봤자 소용없을 거라고 주장했다. 그러나 나는 단호히 말했다.
"주님이 말씀하셨으니 무조건 간다!"

그렇게 한참 승강이를 하며 울란바토르 공항에 도착했다. 그런데 이게 웬일인가? 공항에 사람이 아예 없는 것이다. 이때 나를 태워다 준 후배 간사가 거 보라는 듯이 한마디 던졌다.

"형님, 왜 이렇게 철이 없으세요?"

"이놈아. 철이 없는 게 아니라, 주님이 가라고 하셔서 온 거 아니냐. 일단 내려서 탑승 수속 하는 곳으로 가보자."

"참, 형님도 참 대단하시네요. 비행기가 없다니까요."

"조용히 못 해?"

나는 소리를 빽 지르고는 가방을 내리라고 했다. 이때 그 친구가 던진 답이 걸작이다.

"아니, 무겁게 가방은 왜 내려요?"

"나 오늘 출발한다니까!"

사실 처지를 바꿔 생각해 보면, 내가 참 실없어 보였을 것이다. 출발하는 비행기가 없다는데 자꾸만 가겠다고 하니 말이다. 나는 그 간사와 계속 실랑이를 벌이면서 공항에 들어섰다. 그때 웬 양복을 입은 한 사람이 걸어오는 것이다.

'저 사람이 대한항공 직원일 것 같은데?'

그를 보자마자 순간 느낌이 들었다. 그에게 다가가 무작정 인사를 건넸다. 아니나 다를까. 바로 그 사람이 울란바토르 공항의 대한항공 지점장이었다. 그런데 몽골 사람이었다. 나는 '옳다구나' 하고 그에게 사정을 털어놓았다. 감사하게도 나는 대한항공 마일리지가 백만 점이 넘는 VIP 고객에 해당했다. 말씀을 전하러 여러 나라를 돌아다닐 때마다 대한항공을 이용한 덕분이었다. 그러니 직원 입장에서는 내 요청을 무시할 수 없었을 것이다.

"저는 오늘 꼭 떠나야 합니다. 제발 도와주십시오."

내가 간곡히 부탁하자, 그는 다른 항공사 직원과 한참 대화를 했다. 대화를 마친 그는 내게 이렇게 말했다.

"목사님, 제가 책임지고 한국에 갈 수 있게 해드릴게요. 조금만 기다려 주세요."

1시간쯤 지났을까, 그 지점장이 갑자기 나를 불렀다. 급히 가 보니 다른 직원에게 나를 가리키면서 뭐라고 설명을 했다. 눈치를 보아하니 '나이도 있고, 장애를 가진 분이니까 특별히 배려해 줘야 한다.' 이런 이야기를 하는 것 같았다. 그분의 도움을 받아 인천공항으로 가는 비행기를 찾아냈다. 그런데 문제가 생겼다. 비행기는 있는데 좌석이 없었다. 북경을 거쳐 인천공항으로 들어가는 단체 관광 팀이 예약되어 있었기 때문에 남는 자리가 하나도 없었던 것이다.

'그럼 정말 떠날 수 없는 건가?'

어쩔 수 없다는 것을 알고 고민에 잠겨 있는데, 그 지점장이 내게 다가와 비행기 티켓을 꼭 쥐어 주었다.

"목사님, 이 길로 쭉 걸어가시면 탑승 게이트가 나올 거예요. 어서 들어가세요. 뒤에서 누가 불러도 절대 돌아보시면 안 돼요.

이대로 쭉 가셔야 해요."

그가 어찌나 서두르든지 이유도 묻지 못했다. 끝까지 못 간다고 주장하던 친구들은 놀란 표정을 짓고 서 있었다. 나는 급한 마음에 손짓으로만 작별인사를 하고 비행기를 타러 들어갔다. 그런데 중간쯤 가니까 정말 누가 나를 부르는 것 같았다. 하지만 지점장의 말을 기억하며 끝까지 뒤돌아보지 않았다. 출국 심사를 마친 후 게이트에 가니, 대한항공 직원이 나만 먼저 비행기에 타라고 했다. 그래서 냉큼 올라탔다.

나중에 알고 보니 사연은 이랬다. 북경을 거쳐 인천공항으로 들어가는 단체 관광 팀에서 돌발 상황이 벌어졌다. 그 팀의 한 사람이 공항으로 급히 오는 길에 자동차가 고장이 났다. 그래서 출발 시각에 맞춰 도착할 수 없게 되었다. 바로 그 사람의 좌석이 돌고 돌아서 내게 왔다. 중간에 누가 나를 불렀을 때 돌아봤으면 그 좌석이 다른 사람에게 넘어갈 수도 있었던 모양이었다. 뒤돌아봤으면 정말이지 소금기둥이 될 뻔했다.

비행기에 올라타서 한숨을 돌리고 보니, 이게 웬일인가! 일등석이었다. 무슨 '첩보전' 수행하듯 바삐 움직이느라 그 사실도 몰랐다. 그런데 타고 보니까 자리도 넓고, 승객도 나밖에 없었다. 덕분에 나는 인천공항에 도착할 때까지 '즐거운 비행'을 누릴 수 있었다. 내 입에서는 이런 고백이 저절로 튀어나왔다.

"정말 대단하십니다. 주님이 하셨네요!"

사실 그때 나는 몹시 두려웠다.

'혹시 출발하지 못하면 어떻게 하지?'

거대한 산처럼 쌓인 눈을 보았을 때, 항공편이 없다는 소식을 들었을 때, 주일 아침에도 상황이 달라지지 않은 것을 확인했을 때, 정말 미칠 듯이 두려웠다. 하지만 어찌됐는가! 내 믿음이나 능력이 아니라, 순전히 하나님의 방법과 역사를 통해 길이 열리지 않았는가!

우리는 무엇에 두려움을 느끼는가? 미래인가? 사람인가? 질병인가? 아니면 상황과 환경이 두려운가? 어떤 두려움이든 예수 그리스도의 이름으로 꺾어버려야 한다. 그 영향력을 단호히 끊어 버려야 한다. 스스로 결단을 내리고 주님께 나아가면, 그분이 직접 만져 주실 것이다.

쓴 뿌리의 4단계

07

상실감

주신 이도 여호와시오
거두신 이도 여호와시오니
여호와의 이름이
찬송을 받으실지니이다
_욥 1:21

07 쓴 뿌리의 4단계
상실감

상실감과 고통의 의미

두려움은 상실감과 맞닿아 있다. 여호수아의 두려움 이면에도 상실감이 자리하고 있었다. 자신을 인도해 주던 지도자 모세를 잃었고, 그로 인해 모든 안정감을 잃어버렸다는 상실감이 버티고 있었다. 이처럼 고난과 고통은 두려움뿐 아니라, 잃어버린 것에 대한 아픔까지 안겨 준다.

성경에서 이에 대해 가장 많이 다루고 있는 책은 '욥기'이다. '의인이 받는 고통과 고난'을 다룬 말씀이기 때문이다. 욥은 엄청난 고난에 처해 있다. 그중에서도 가장 커다란 고통은 자신이 왜 고난을 받는지 모른다는 것이었다.

> 내 영혼이 살기에 곤비하니 내 불평을 토로하고 내 마음이 괴로운 대로 말하리라 내가 하나님께 아뢰오리니 나를 정죄하지 마시옵고 무슨 까닭으로 나와 더불어 변론하시는지 내게 알게 하옵소서
> (욥 10:1-2)

우리는 욥기를 통해 고난에도 나름의 의미와 뜻이 있음을 배운다. 그것을 이해하지 못한 채 고난을 겪으면 필연적으로 상실감의 쓴 뿌리가 생긴다. 쉽게 말해서 사람이 미치는 것이다. 그래서 욥은 하나님께 자신을 정죄하지 말라고 아뢴다. 그리고 하나님이 왜 욥과 변론하시는지 이유를 알려 달라고 간청한다.

"왜 저에게 이런 끔찍한 일이 벌어졌습니까?"
"제 아내는 왜 저를 떠나갔나요?"
"재산을 잔뜩 안겨 주실 때는 언제고, 그 많던 것을 다 쓸어 가신 이유는 뭔가요?"
"대체 제가 왜 병에 걸린 겁니까?"

욥은 피부가 코끼리 가죽처럼 변하는 '상피병'에 걸려 있었다. 이는 현대 의학으로도 고치기 어려운 병이다. 몹시 가렵지만 아무리 긁어도 시원하지가 않았다. 결국 참다못한 욥은 기왓장으로 환부를 긁기 시작했고, 피가 흘러도 긁는 일을 멈추지 않았다. 가려움이 해소되지 않으니 말이다. 게다가 3명의 친구가 찾아와서 자꾸 속 뒤집는 소리를 한다. 죄에 대한 벌이 아니면 어떻게 이런 일이 일어나겠느냐며 욥을 훈계하며 회개를 촉구한다. 이

렇게 욥의 속을 있는 대로 뒤집어 놓았다. 욥은 자신이 죄를 지은 게 없으니 그렇게 말하지 말라고 항변한다. 자신의 신실함은 주님이 아신다는 믿음이 있었다.

욥기 1장을 보면, 세상을 돌아다니다 온 사탄이 하나님 앞에서 이렇게 이야기한다.

"하나님, 제가 세상을 다 보고 왔습니다."

"그래, 그럼 내 종 욥도 보았느냐?"

"욥이요? 왜요?"

"그는 나의 귀한 종이다. 그는 선하다."

그러자 사탄이 대꾸한다.

"욥이 왜 그렇게 믿음이 좋은지 모르시나요? 하나님이 복이란 복을 죄다 부어주시기 때문입니다. 욥도 고난을 겪으면 별수 없을 걸요? 아마 하나님을 예배하고 찬양하는 일을 멈출 것입니다. 제가 손 한 번 써볼까요?"

"좋다. 대신 욥의 목숨은 건드리지 말고, 네가 하고 싶은 대로 해 보거라."

물론 욥은 하늘에서 벌어진 이 대화 장면을 보지도 듣지도 못했다. 우리는 이 장면을 통해 한 가지 중요한 사실을 발견할 수 있다. 우리 인생에 나타나는 모든 고난의 배경에는 보이지 않는 하나님의 뜻과 계획이 있다는 사실이다. 우리가 이해할 수 없을지라도, 분명 고난에는 의미가 있다.

욥은 고난을 견뎌낼 힘이 없었다. 계속 가중되는 고난으로 믿음과 인내심이 한계에 도달했다. 신실한 그의 입에서 "내 영혼이 살기에 곤비하니"라는 고백까지 나온 것을 보면 말이다. 하지만 이는 밥 세 끼 먹고 사는 게 어렵다는 뜻이 아니다. 돈이 있느냐 없느냐의 문제도 아니다. 누군가에게 인정받고 싶다는 이야기도 아니다. 다른 사람들처럼 밥 먹고 숨 쉬며 살긴 하지만 '속사람', 즉 심령이 힘들고 아프다. 밤에 잠을 청해도 잠이 오지 않고, 아무리 맛있는 음식을 먹어도 아무 맛도 느낄 수 없다. 살아야 할 이유를 모르겠다.

이런 상태가 계속되면 사람이 어떻게 될까? 아마 대부분 의욕 상실에 빠질 것이다. 아무것도 할 수 없는 지경에 이르니 살아야 할 이유, 일해야 할 이유, 최선을 다해야 할 이유를 찾을 수가 없다. 그러면 어떻게 되는가? 늘 슬프고 우울하다. 무기력해진다. 모든 것이 귀찮아지기도 한다. 아무것도 하기 싫고, 아무것도 먹고 싶지 않고, 아무 데도 가고 싶지 않고, 아무도 만나고 싶지 않아서 그냥 자기 방에 틀어박혀 있다. 이게 바로 우울증 증세이다. 사실 '우울증'이라는 표현은 맞지 않다. '우울병'이 맞다. 현대인에게 이 우울병의 문제가 얼마나 심각한지는 굳이 설명하지 않아도 다들 알 것이다.

욥이 지금 그런 상태이다. 심각한 우울병에 걸려 있다. 그러니까 자기도 모르게 될 대로 되라는 식으로, 마음에 있는 모든 걸 퍼붓고 있다.

"나도 이젠 하고 싶은 말 다 하고, 내 속마음을 숨기지 않을

테다!"

"그래, 이러고 죽자. 죽기밖에 더하겠어!"

차차 그의 입술에서 하나님의 영광을 가리는 말, 원망하는 소리가 흘러나온다. 그것을 누가 듣는가? 모든 일을 꾸민 사탄이 듣는다. 물론 하나님도 들으셨다. 욥을 안타까운 마음으로 지켜보시면서 말이다.

"하나님, 왜 내게 이런 일이 일어난 겁니까? 왜 내게 이런 일을 허락하셨습니까? 어떻게 이러실 수가 있습니까?"

욥은 하루아침에 생때같은 자식을 전부 잃었다. 아내도 잃었다. 재산도 잃었다. 건강도 잃었다. 기쁨과 행복도, 감사의 마음도 잃었다. 살아야 할 이유도 잃었다. 그야말로 모든 것을 잃은 셈이다. 급기야 욥은 하나님을 향한 신뢰와 믿음마저 잃어가고 있다.

모세가 죽었을 때 여호수아가 바로 이런 경험을 했다. 우리는 주로 언제 상실감을 경험할까? 소중한 것, 믿고 의지하던 것, 결코 내 곁을 떠나지 않을 거라 믿었던 대상을 잃었을 때이다. 아마도 에덴동산에서 쫓겨날 때 아담과 하와도 그런 경험을 했을 것이다.

상실의 고통 속에서 발견하는 하나님의 뜻

다시 여호수아 이야기로 돌아가 보자. 하나님은 여호수아가 상실감에 빠져 허우적거리고 있음을 정확히 아셨다. 이에 하나님은 그에게 언약을 상기시키면서 한 가지 조건을 제시한다.

> 강하고 담대하라 너는 내가 그들의 조상에게 맹세하여 그들에게 주리라 한 땅을 이 백성에게 차지하게 하리라 오직 강하고 극히 담대하여 나의 종 모세가 네게 명령한 그 율법을 다 지켜 행하고 우로나 좌로나 치우치지 말라 그리하면 어디로 가든지 형통하리니 이 율법책을 네 입에서 떠나지 말게 하며 주야로 그것을 묵상하여 그 안에 기록된 대로 다 지켜 행하라 그리하면 네 길이 평탄하게 될 것이며 네가 형통하리라 내가 네게 명령한 것이 아니냐 강하고 담대하라 두려워하지 말며 놀라지 말라 네가 어디로 가든지 네 하나님 여호와가 너와 함께 하느니라 하시니라 (수 1:6-9)

이 말씀에서 반복되는 조건이 무엇인가? '강하고 담대한 마음'이다. 하나님은 여호수아에게 마음을 추스르라고 말씀한다. 상실감에 찌들어 있는 마음을 이제 그만 돌이키라고 말씀하신다.

"여호수아야, 가나안에 들어가는 것은 네가 거부한다고 해서 피할 수 있는 일이 아니다. 하기 싫다고 해서 그만둘 수 있는 일도 아니다. 그건 도망치거나 회피할 수 있는 일이 아니란다. 반드시 네가 해야 해. 네가 아니면 안 돼. 그것이 네 부르심이기 때문이야. 그러니까 이제 마음을 추스르고 믿음과 용기를 회복하렴."

혹시 지금, 상실감과 패배감 때문에 힘들어하는가? 그런 사람들에게 특별히 부탁하고 싶은 말이 있다. 그런 상황이 얼마나 힘들고 아픈지 이해한다. 나도 그런 경험을 한두 번 해 본 것이 아니기 때문이다. 하지만 간곡히 부탁하고 싶은 것은, 절대로 하나님과 싸우지 말라는 것이다. 다시 한번 강조한다. 절대로 하나님과 싸워서는 안 된다.

하나님과 싸우지 말라는 건 그분을 '원망하지 말라'는 말이다. 우리가 잃어버린 것은 결코 하나님이 빼앗아 가신 게 아니다. 욥의 경우만 보더라도 알 수 있다. 그가 당한 고난은 누구에게서 온 것인가? 하나님인가? 아니다. 바로 사탄이다. 무기력과 슬픔에 빠져 익사 직전까지 이르도록 그를 뒤흔든 존재가 누구인가? 사탄이다. 하지만 정작 욥은 그 사실을 모른 채 하나님을 의심한다. 그동안 쌓아온 신뢰가 한 순간에 무너졌다.

> 그가 폭풍으로 나를 치시고 까닭 없이 내 상처를 깊게 하시며 나를 숨 쉬지 못하게 하시며 괴로움을 내게 채우시는구나 (욥 9:17-18)

욥은 고난이 어디에서 왔는지 분별하지 못할 정도로 눈이 어두워졌다. 고난 때문에 분별력을 잃어버린 것이다. 그래서 고난의 의미가 무엇인지, 하나님의 뜻이 무엇인지 보지 못했다.

　우리 또한 마찬가지이다. 고난과 고통의 문제 앞에서 이와 똑같은 반응을 보이며 살아간다. 많은 그리스도인이 '하나님은 나를 떠나셨다.' 또는 '하나님은 나를 버리셨다.'라고 오해하며 시험에 빠진다. 많은 사역자가 '하나님은 나를 사용하지 않으신다.'라는 생각 때문에 갈등을 겪는다.

　하지만 이러한 고통과 갈등의 원인은 하나님이 아니라 우리 자신이다. 우리에게 분별력이 없기 때문이다. 지금 자신이 처한 환경에서 이루어지고 있는 일, 그리고 그 안에 숨겨진 하나님의 뜻을 보지 못하고 헤아리지 못하기 때문이다. 그래서 하나님은 인류가 상실감을 경험하게 되면서부터 지금까지 이어지는 원망과 불평을 줄곧 듣고 계신다.

　상실감의 쓴 뿌리를 해결하는 열쇠는 잃은 것을 되찾는 데 있지 않다. 지금 이 상황 속에서 하나님이 원하시는 바가 무엇인지 정확하게 앎이 가장 중요하다. 그것을 분별하지 못하면 결핍과 집착의 악순환 가운데로 들어가게 된다.

08

쓴 뿌리의 5단계

결핍과 집착

내 백성이 두 가지 악을 행하였나니
곧 그들이 생수의 근원되는
나를 버린 것과
스스로 웅덩이를 판 것인데
그것은 그 물을 가두지 못할
터진 웅덩이들이니라

_렘 2:13

○ 08

쓴 뿌리의 5단계
결핍과 집착

결핍은 집착을 낳는다

하나님의 뜻을 분별하면 두려움과 상실감의 쓴 뿌리에서 자유롭게 될 수 있다. 이것이 주님께서 우리에게 전하고자 하시는 말씀이다. 하지만 우리는 문제의 심각성을 깨닫지 못한 채 잃어버린 것에 대해 계속해서 마음 아파한다. 어떻게 해서든 상실감을 해결하고 마음의 빈자리를 메우려고 애쓴다. 그래서 중요하지 않은 일에 가슴 아파하며 매달리고, 두려워할 가치도 없는 대상을 경계하며 살아간다.

    우리는 죽음을 두려워할 필요가 없다. 왜냐하면 모든 사람이 죽기 때문이다. 누구나 죽는데 왜 그렇게 죽음을 두려워하는가! 어차피 모두 죽을 텐데 말이다. 사람이 살고 죽는 것은 오직 주님의 손에 달려 있다. 그러므로 그분의 전능하신 손 아래 겸손히 행하며, '어떻게 해야 오래 살 수 있을까?'가 아닌 '어떻게 해야 아름답게 죽을 수 있을까?'를 고민해야 한다. 이 진리를 깨달으면 죽음의 두려움과 죽은 자들에 대한 슬픔에서 벗어날 수 있다.

 죽음은 두려움이 아니라 '과정'이다. 어떻게 죽느냐, 언제 죽느냐가 다를 뿐이다. 그런데도 많은 사람이, 심지어 그리스도인조차 죽음 가운데서 주님의 뜻을 발견하지 못한다. 신경 쓰고 고민하며 매달려야 할 부분에 대해서는 무감각하고, 그리 중요하지 않은 비본질에 목을 매게 하는 것이 바로 '집착'이다. 그리고 이렇게 집착하게 만드는 것이 바로 '결핍'이다.

 어느 한 여성의 남편이 죽었다. 혼자 남은 아내는 몸부림을 치며 절규한다.

 "나 혼자 어떻게 살라고! 난 당신 없이는 못 살아!"

 그러면서 남편의 유품을 정리하지 않고 그대로 보존한다. 작은 것 하나도 절대 버리지 않는다. 영화나 드라마 등의 대중매체에서는 그런 걸 아름답게 묘사하고 포장해서 보여 준다. 우리는 그걸 보고 들으면서 '저런 것이 진정한 사랑이야!'라는 거짓 메시지에 빠져들게 된다.

 이것이 진짜 사랑이라고 생각하는가? 그렇지 않다. 이것은 나를 사랑해 줄 누군가가 없어졌다는 결핍의식 때문에 극대화된 이기주의이고 집착이다. 절대 사랑도, 아름다운 것도 아니다. 쉽게 말해 병든 것이다. 잃어버린 것을 미처 정리하지 못한 채 제

힘으로 빈 곳을 채워보려고 하지만, 아무것도 채울 수 없다. 참 안타깝고 허무한 몸짓일 뿐이다.

이 아내에게 남편의 존재 이유는 '아내 자신의 행복'이었다. 그런 남편이 세상을 떠났으니 얼마나 큰 상실감을 느꼈을까. 자신을 사랑해 줄 사람이 없다는 사실을 깨달은 아내는 유품을 통해서라도 결핍을 메우려고 집착하게 된다. 남편은 가고 없는데, 그가 쓰던 물건들이 남편이라도 되는 것처럼 애지중지하며 벌벌 떤다. 남편의 물건에 매인 삶, 즉 '종'된 삶이다.

상실감은 우리 삶에서 세 가지 형태의 결핍으로 자리 잡는다.

첫 번째는 '방치'이다. 말 그대로 방치당하며 사는 것이다. 다시 말해 기본적인 것만 받으며 사는 것이다. 먹여 주고 입혀 주고 재워 주기만 하고, 정서적으로 건강하게 자라는 데 필요한 사랑과 격려, 인정이나 지지는 없다. 나이 든 부모님 중에 종종 이런 말을 하는 분들이 있다.

"애들은 낳아 놓으면 그냥 자기들이 알아서 커요."

정말 그럴까? 건강하고 온전한 한 사람을 길러내는 일이 과연 의식주만 충족시켜준다고 가능한 일이겠는가 싶다.

또한 삶 가운데 방치되는 사람들이 있다. 가정에서, 부모에게서 방치된 사람은 안전으로부터도 멀어진 삶을 살게 된다. 보호해 주는 사람이 없으니 권위자나 힘이 센 사람이 다가와서 언제든지 자기 마음대로 갖고 놀 수 있다. 심하면 방치된 사람들은 신체적 상해를 입거나 성폭행을 당하고, 생명까지 빼앗기기도 한다. 방치된 사람을 노리개나 장난감 취급하는 것이다. 그래서 방치당한 사람 중에는 그것을 자신의 운명이나 팔자로 여기며 당연하게 받아들이는 경우가 많다. 그것이 두 번째 형태인 '방임'이다. 방임은 방치당한 사람 본인이 자신을 방치하는 것이다.

'나는 버려졌고 내던져진 존재다. 나는 앞으로도 이렇게 살 수밖에 없다.'

그들은 스스로 이렇게 생각하고 믿으며 자신을 돌보지 않는다.

'난 사랑받을 수 없고, 인정받을 수 없어. 아무도 나란 존재를 돌보지 않을 거야. 오죽하면 나를 낳은 부모가 날 버렸겠어. 한 핏줄인 가족이 날 외면했으니 다른 사람도 나를 버리는 게 당연해.'

이처럼 누군가로부터 버림받은 사람은 자신을 스스로 버린다. 자기 자신에 대해 방치하는 것이다. 이것이 바로 방임이다. 그런 사람은 삶을 '그냥' 살아간다. 살아지니까 사는 것이다. 먹자니까 먹고, 가자니까 간다. 그러나 우리는 너무도 존귀한 존재이다. 하나님이 우리를 얼마나 기뻐하시는지 아는가? 그런데 자꾸만 거짓 메시지에 빠져서 자기 자신을 속인다. 방치당하는 것이 익숙하고 자연스럽기 때문이다. 방치당한 것에 대한 분노를 방임으로 표현한다. 그렇게 자신을 더러움 가운데로 내던져 버린다. 머리로는 그렇게 살면 안 된다고 알고 있다. 하지만 몸이 생각하는 대로 따라 주지 않는다.

방치와 방임 문제를 해결할 길은 단 하나뿐이다. 바로 '부모'의 변화다. 왜 부모가 변해야 할까? 방치와 방임이 대부분 '가정'에서, 그리고 부모 자녀 관계 안에서 일어나기 때문이다. 그렇다면 부모는 왜 자기 자녀를 방치하는 걸까? 과거에 부모 자신도 동일하게 방치되고 방임하는 삶을 살았기 때문이다. 부모가 변하지 않는 한, 방치와 방임의 대물림은 결코 끝나지 않는다.

마지막 세 번째는 '방관'이다. 방관은 자기가 다른 사람을 방치하는 것이다. 다른 사람이 죽든지 살든지 관심이 없는 것이다.

"나 자신도 방임하며 사는데, 내가 왜 다른 사람을 신경 써야 해?"

"난 예수님이 아니야. 남이 죽든 살든 나랑 관계없어. 나도 죽지 못해 산단 말이야."

방치가 부모와 가정을 통해 결핍을 만든다면, 방임은 나 자신에 의해 결핍을 만든다. 그런데 방관은 나로 인해 다른 사람에게 결핍이 생기는 것이다. 이렇게 형성된 결핍은 집착으로 이어진다. 과연 우리는 어디에 집착하며 살아가고 있는 걸까?

'결핍된 사랑'에 집착하다

우리는 '결핍된 사랑'에 집착한다. 왜 그토록 사랑에 집착할까? 우리는 사랑받아야 살 수 있는 존재로 지어졌기 때문이다. 창세기 1~3장을 보면 분명히 알 수 있다. 하나님께서 천지를 창조하시고 사람을 지으실 때, 우리가 사랑을 주고받으며 살아가도록 만드셨다. 물론 직접 '사랑'이라는 말이 기록되어 있지는 않지만, 우리가 '사랑'을 주고 또 '사랑'을 받으며 살아가야 하는 존재임을 알 수 있다. 그래서 동서고금을 막론하고 모든 인간이 사랑에 목을 맨다.

요셉을 기억하는가? 하나님의 섭리로 노예에서 애굽 총리의 자리에까지 오른 인물 말이다. 그는 피를 나눈 형제들에게 미움받고, 버림받고, 배신당했지만 끝까지 흔들리지 않았다. 어떻게 그럴 수 있었을까? 나는 그것이 요셉을 극진히 아끼고 품어 주었던 그의 아버지 야곱의 사랑 덕분이라고 믿는다. 충분한 사랑을 받은 사람은 어디에 있어도 어떤 환경에서도 끝까지 포기하지 않고 살아남을 수 있다.

요셉을 다윗과도 비교할 수 있다. 다윗은 목욕하는 여인을 보고 불처럼 타오르는 정욕을 이기지 못해 제 발로 음란 가운데 들어갔다. 그러나 요셉은 보디발의 아내가 유혹할 때 단호히 거절함으로써 누명을 뒤집어쓰고 감옥에 들어갔다.

두 사람에게 어떤 차이가 있었을까? 그것은 바로, 받은 '사랑의 분량'이다. 충분한 사랑을 받으며 자란 사람은 더러움을 사랑으로 극복했지만, 사랑받지 못하며 자란 사람은 더러움을 이겨낼 사랑이 없기 때문에 집착에 빠졌다.

사랑은 놀라운 능력이다. 사랑받으면 절대 망가지지 않는다. 사랑받으면 망가져도 회복할 수 있다. 제자리로 돌아올 힘이 있기 때문이다. 그래서 사람들은 사랑받고 싶어 안달이다.

우리는 계속해서 사랑받아야 한다. 하지만 나를 사랑해줄 사람이 없어도 절망할 필요가 없다. 나 자신은 나를 사랑할 수 있지 않은가! 최소한 나 자신으로부터는 사랑받을 수 있다.

"나는 내가 참 좋다. 왜? 예수님이 날 사랑하시니까!"

누군가 나에게 내가 얼마나 좋은지 묻는다면, 나는 이렇게 대답할 것이다.

"나는 내가 좋다. 참 좋다. 너무 좋다."

어디서 무엇을 하든지 예수님의 이름으로 자신을 사랑하고 축복해야한다.

'오늘은 나를 누가 사랑해줄까?'라는 생각으로 한탄하면서 사랑해 줄 누군가를 찾아다니지 말아야 한다. '나는 사랑받지 않아도 잘 살 수 있어.'라며 마음을 닫아걸지도 말아야 한다.

'결핍된 인정'에 집착하다

내가 무엇을 가지고 여호와 앞에 나아가며 높으신 하나님께 경배할까 내가 번제물로 일 년 된 송아지를 가지고 그 앞에 나아갈까 여호와께서 천천의 숫양이나 만만의 강물 같은 기름을 기뻐하실까 내

허물을 위하여 내 맏아들을, 내 영혼의 죄로 말미암아 내 몸의 열매를 드릴까 사람아 주께서 선한 것이 무엇임을 네게 보이셨나니 여호와께서 네게 구하시는 것은 오직 정의를 행하며 인자를 사랑하며 겸손하게 네 하나님과 함께 행하는 것이 아니냐(미 6:6-8)

"어떻게 해야 하나님을 기쁘게 할 수 있을까요?"

미가 선지자는 이 질문을 던지고 있다. 그는 여러 가지 방법을 제시한다.

"천천의 수양이나 만만의 강물 같은 제물을 바칠까요?"

하지만 하나님은 원하지 않으신다. 그것은 이미 솔로몬을 통해 받으셨기 때문이다(대하 1:6). 그래서 또 다른 제안을 한다.

"제 맏아들을 바칠까요, 아니면 다른 자식을 드릴까요?"

이번에도 하나님은 원하지 않으신다. 그것도 이미 아브라함을 통해 받으셨다(창 22:9-10). 그렇다면 하나님이 원하시는 것은 무엇인가?

"나는 네가 나의 음성에 귀 기울였으면 좋겠다. 그리고 언제 어디서나 나와 동행했으면 좋겠어. 인자와 긍휼로 겸손히 나와 함께 걸어가면 참 좋겠다."

하나님이 원하시는 것은 바로 이것이다.

위 말씀은 우리가 자기 의를 세우는데 얼마나 계산이 빠른 사람인지 정확하게 보여 준다. 우리는 자신도 모르게 하나님께 드린 것을 헤아린다. '내'가 얼마나 많이 기도했는지, 얼마나 많이 헌금했는지, 얼마나 열심히 교회를 섬겼는지를 말이다. 그러면서 하나님께 자신의 헌신을 잊지 말아 달라고 간구한다.

고통 가운데 욥이 쏟아내는 고백도 이런 내용이었다. 그는 거칠게 항변했다.

"하나님이 살아 계신다면 내게 이러실 수 없어! 내가 하나님을 어떻게 섬겼는데 나한테 이러실 수 있어?"

이 말대로라면 욥이 하나님 앞에서 행한 경건과 선행은 전부 '개인의 의'를 쌓는 일이었다는 결론이 나온다. 우리는 "주를 위해 했다."라고 고백하지만, 사실은 자기 자신의 공로를 세우기 위해 했다는 말이다. 이처럼 자기 의를 내세우는 일이 얼마나 위험한지 아는가? 하나님이 이것을 얼마나 싫어하는지 알고 있는가?

욥은 하나님이 주신 고통을 이야기하면서, 과거에 베풀어 주신 수많은 은혜를 한순간에 잊어버린다. 지금 이 순간의 고통을 참지 못해, 그동안 나와 함께 하신 하나님의 은혜와 사랑을 단숨에 무효로 바꿔 버린 것이다.

미가 선지자의 말처럼 오늘날 우리도 하나님과 사람에게 인정받는 일에 혈안이 되어 있다. 물질이나 수고, 또는 우리가 가진 어떤 것으로든 하나님께 인정받으려는 집착은, 하나님이 우리에게 베푸신 것을 기억하지 못하게 하는 치명적인 부작용을 가져온다.

'이루지 못한 꿈'에 집착하다

언젠가 줄리아드 음대에서 박사 학위를 받은 지휘자에게 들은 이야기이다. 헨델이 작곡한 〈메시야〉의 원본 악보를 화학적으로 분석해 보니, 악보에 묻어 있는 얼룩이 전부 '눈물'이었다고 한다. 곡을 만드는 과정에서 헨델이 하나님의 은혜를 얼마나 깊이 체험했는지 알 수 있는 증거인 셈이다. 반면에 모차르트의 악보에서는 '알코올' 성분이 많이 검출되었다고 한다. 이로써 그가 어떤 삶을 살았는지 대략 짐작할 수 있다.

하나님은 지난 100년 동안 헨델과 같은 경건한 음악가들을 통해 놀라운 클래식 명곡들을 선물해 주셨다. 개인적인 생각에는 이런 걸작을 뛰어넘는 작품이 앞으로는 안 나올 것 같다. 과연 우리 세대에서 〈할렐루야〉 같은 찬양이 나올 수 있겠는가?

우리는 이루지 못한 꿈에도 집착한다. 원래 나는 '성악가'가 되고 싶었다. 지금도 종종 노래하고 싶을 때가 있다. 성악가의 꿈을 접은 뒤에는 '성우'가 되기를 꿈꿨다. 하지만 주님께서 그 꿈조차 막으셨다. 그다음에는 '아나운서'가 되고 싶었다. 이 꿈 역시 이루지 못했다. 결국은 이렇게 목사가 되었으니 말이다. 그런데 지금 돌아보면 감사하기만 한다. 내가 원하는 길로 갔다면, 주님을 의지하지 않고 주님 없이 살아갔을 것이다. 그래서 참 다행이라고 생각한다.

혹 이루지 못한 꿈이 있는가? 꿈에 대한 소망이 간절할수록 우리는 그 꿈에 더욱 집착하게 된다. 그게 어떤 꿈이든 말이다. 그래서 그 꿈의 일부라도 이뤄 보려고 최선을 다하며 살아간다. 이렇게 이루지 못한 꿈에 집착하게 되면, 우리를 향한 하나님의 뜻과 계획에는 무관심하게 된다. 슬프고 안타까운 현실이다.

주님은 한 사람 한 사람을 향한 계획을 갖고 계신다. 그런데 우리가 그렇게 못 살아갈 뿐이다. 아니 사실은 그 계획이 무엇인지조차 알지도 못한다. 왜 그런가? 세상이 너무 바쁘게 돌아가기 때문이다. 우리는 바쁜 세상 속에서 이루지 못한 꿈을 좇아가느라 늘 분주하다. 그러다 보니 하나님께 귀 기울일 여유가 없는 것이다.

쓴 뿌리는 주님만이 고치신다

지금까지 쓴 뿌리의 다섯 단계를 살펴봤다. 이것은 우리 삶에 나타나는 쓴 뿌리의 모습이기도 하다. 그렇다면 이 쓴 뿌리에서 자유로워지는 길은 무엇일까?

이 저주의 말을 듣고도 심중에 스스로 복을 빌어 이르기를 내가 내

> 마음이 완악하여 젖은 것과 마른 것이 멸망할지라도 내게는 평안이
> 있으리라 할까 함이라(신 29:19)

'저주의 말'이란 무엇을 뜻하는 걸까? 하나님이 모세를 통해 경고하시는 쓴 뿌리의 공포와 이것이 우리 삶에 가져올 파괴적인 결과를 말한다. 그런데 모세는 우리가 '저주의 말을 듣는다'라고 말한다. 즉 하나님은 우리에게 말씀하시고, 우리는 하나님의 말씀을 듣는다.

그런데 문제는 무엇인가? 우리가 알아듣지 못한다는 것이다. 이게 저주의 말인지 축복의 말인지 아무 느낌도 감각도 없다. 환란과 고통이 온다고는 하는데 대체 언제 오는 건지, 정말 오기는 하는 건지, 거짓말은 아닌지…. 믿지 못한다. 결국 무엇을 선택하는가? 스스로 복을 빈다. 혼자 "괜찮아. 괜찮아. 괜찮을 거야."라고 위안을 삼는다.

> 너희가 어찌하여 매를 더 맞으려고 패역을 거듭하느냐 온 머리는
> 병들었고 온 마음은 피곤하였으며 발바닥에서 머리까지 성한 곳이
> 없이 상한 것과 터진 것과 새로 맞은 흔적뿐이거늘 그것을 짜며 싸
> 매며 기름으로 부드럽게 함을 받지 못하였도다(사 1:5-6)

이사야 선지자도 이런 우리의 모습을 적나라하게 묘사했다. 병들어 있는 상태인데 치료도 받지 못한 채 살아간다. 왜 그런

가? 아픈데, 아파야 정상인데 전혀 아픔을 느끼지 못하기 때문이다. 한 마디로 '자각 증상'이 없다는 말이다. 엄청난 통증을 느끼며 몸부림쳐야 하나님께 나아가 치유를 받을 텐데, 절대 몸부림치지 않는다. 분명히 문제가 있는 상태인데도 '나는 평안하다'라고 말한다. '나는 아무 문제없어. 괜찮아'라고 스스로 진단한다. 그러니 하나님 보시기에 얼마나 답답하겠는가?

이제 우리는 요한계시록에 언급된 일곱 교회 중 '라오디게아 교회'에게 하신 말씀을 주목해 보고, 그 말씀을 붙잡아야 한다.

> 네가 말하기를 나는 부자라 부요하여 부족한 것이 없다 하나 네 곤고한 것과 가련한 것과 가난한 것과 눈 먼 것과 벌거벗은 것을 알지 못하는도다 내가 너를 권하노니 내게서 불로 연단한 금을 사서 부요하게 하고 흰 옷을 사서 입어 벌거벗은 수치를 보이지 않게 하고 안약을 사서 눈에 발라 보게 하라 (계 3:17-18)

우리가 쓴 뿌리의 실체를 바로 안다면, 우리의 영혼과 신앙, 그리고 가정과 인생 가운데 교묘히 숨어 있는 쓴 뿌리와 열매들을 스스로 진단하고 판단하며 분별할 수 있다. 주님은 우리에게 단 한 가지만 말씀하신다.

"문제를 인식하고, 그것을 해결하실 수 있는 유일한 분인 하나님께로 나아오라!"

주님은 쓴 뿌리에 얽매인 채 살아가는 모든 사람이 나아오기를 기다리고 계신다. 그 어떤 문제라도 상관없다. 주님은 충분히 고치실 수 있다. '나를 짓누르는 이 문제는 해결할 수 없을 거야.'라고 생각하지 말아야 한다. 주님이 해결하신다. 그분은 우리를 지으신 창조자이시기에, 우리를 원래대로 회복시킬 길도 알고 계신다. 오직 그분만이 우리를 쓴 뿌리에서 자유롭게 하실 수 있다.

09

골짜기마다 돋우어지고 산마다 낮아지며

골짜기마다 돋우어지며
산마다, 언덕마다 낮아지며
고르지 아니한 곳이 평탄하게 되며
험한 곳이 평지가 될 것이요
여호와의 영광이 나타나고
모든 육체가 그것을 함께 보리라
이는 여호와의 입이 말씀하셨느니라
_사 40:4-5

○
09

골짜기마다 돋우어지고
산마다 낮아지며

과연 하나님은 우리 가운데 존재하는 쓴 뿌리와 그 열매를 어떤 관점으로 보시는 걸까? 우리가 이를 알게 된다면, 하나님의 관점으로 쓴 뿌리를 어떻게 다루고, 치유 받아야 할지 깨닫게 된다. 그 출발점은 하나님이 말씀하신 '신원해 주시는, 보상해 주시는 날'이다(사 40장 참고).

광야와 사막 같은 인생

너희의 하나님이 이르시되 너희는 위로하라 내 백성을 위로하라 너희는 예루살렘의 마음에 닿도록 말하며 그것에게 외치라 그 노역의 때가 끝났고 그 죄악이 사함을 받았느니라 그의 모든 죄로 말

미암아 여호와의 손에서 벌을 배나 받았느니라 할지니라 하시니라
(사 40:1-2)

이사야 선지자는 하나님이 이스라엘 백성을 치욕스러운 바벨론 포로 생활로부터 풀어주신다고 선포한다. 정해진 70년의 기한이 찼으니 이제 고향 땅과 집으로 돌아오게 될 거라고 말한다. 드디어 '신원해 주시는 날'이 왔다. 그래서 이사야 40장은 회복과 소성, 치유가 일어나고, 오실 메시아에 대한 예언으로 채워져 있다.

외치는 자의 소리여 이르되 너희는 광야에서 여호와의 길을 예비하라 사막에서 우리 하나님의 대로를 평탄하게 하라(사 40:3)

이사야는 광야에 길을 닦고, 사막에 대로를 깔라고 말한다. 광야와 사막은 지금 우리의 상태라고 말할 수 있다. 그런데 이런 쓸모없는 인생이 여호와의 길과 하나님의 대로로 변한다는 것이다.
광야와 사막은 '아득하고 넓은' 장소이다. 오고 갈 수 있는 길이 없다. 그곳은 사람이 거할 수 없는 메마르고 건조한 곳이며, 들리는 소리라고는 짐승들의 울부짖음뿐인 '버려진 땅'이다. 낮에는 타는 듯이 강렬한 햇볕에 열사병으로 쓰러지기 마련이고, 밤에는 너무 춥다. 방향과 위치를 나타내 주는 이정표가 없기 때문에, 나침반이 없으면 길을 잃고 헤매기 십상이다. 목마름과 피

곤으로 인해 판단이 흐려지고, 헛것을 보게 된다. 두려운 일이다. 광야와 사막은 우리에게 신기루를 보여 주며 우리의 마음을 현혹한다. 에덴동산에서 하와를 유혹한 뱀처럼 말이다. 하와는 뱀의 꼬임에 넘어가 육신의 정욕, 안목의 정욕, 이생의 자랑에 빠지고 말았다.

이렇게 황폐한 광야와 사막에 오아시스가 보인다. 나를 살려 줄 물이라고 생각하며 돌진한다. 그곳에 당도하자마자 고개를 처박고 마구 들이마신다. 그러나 결국 그는 쓰러져 죽고 만다. 시체가 된 그의 입과 위는 모래로 가득 차 있다. 신기루에 속아 모래를 물로 착각하고 들이마셨기 때문이다. 주님이 아니라 세상이 준 것을 받아먹으면 그렇게 된다.

우리 역시 열심히 먹는다. 배고프고 목마른 심신을 채우려고 마구잡이로 먹는다. 그러다 어느새 싸늘한 시체가 되어버리고 만다. 먹으면 안 되는 것을 먹었기 때문이다.

광야는 세상의 방법에 의지해서 살아가는 인생을 상징한다. 또한 사막은 세상을 의미한다. 우리는 사막 같은 세상에서 광야 같은 삶을 산다. 그 가운데서 애쓰고 힘쓰며, 열심히 노력하지만 나아진 건 하나도 없다. 그저 하루하루 똑같을 뿐이다.

여호와의 길, 하나님의 대로

이사야 선지자는 광야와 사막 같은 우리 인생에 여호와의 길과 하나님의 대로를 열라고 말한다. 여기서 핵심적인 단어는 바로 '길'이다. 길은 어떤 의미인가?

첫 번째로 생각해 봐야 할 것은 길의 용도이다. 길은 '오고 가는' 수단이다. 나는 이를 '소통'이라 부르고 싶다. 길은 소통의 문을 연다. 길이 없으면 소통할 수 없다. 소통은 경제적인 관점에서 보면 '교역'이고, 문화적 관점으로 보면 '교류'이다. 국가와 공동체, 개인에게 소통은 매우 중요하다. 그래서 우리는 자주, 그리고 '충분히' 소통하며 살아야 한다.

관계 가운데 오해가 생기는 이유는 충분히 대화하지 않기 때문이다. 상대방이 이해할 수 있도록 내용과 배경을 충분히 전달하지 않기 때문에 '추측'하게 되고, 그러다 보니 자연스레 오해가 생긴다. 그런데 사막과 광야에는 길이 없다. 즉 소통이 없다는 말이다.

길의 두 번째 의미는 '방향'이다. 모든 길은 어딘가를 향해 뻗어 있다. 이를 다르게 표현하면 '목적지'가 있다고 할 수 있다. 요즘 도로는 너무 복잡해서 어디든 가려고 계획하면 장비가 필요하다. 특히 한번도 가보지 않은 곳에 갈 때는 더욱 그렇다. 그 장비는 바로 '내비게이션'이다. 요즘은 거의 모든 자동차에 내비게

이션이 장착되어 있고, 심지어 휴대폰 안에도 들어 있다. 하지만 이 내비게이션을 맹신해서는 안 된다.

예전에 LA에서 내비게이션과 관련된 어처구니없는 사건이 일어났다. 한 한국인 가정이 미국에 관광하러 왔다가 그냥 그곳에 정착해 살기로 했다. 즉 '불법체류자'가 됐다. 다시 한국으로 돌아가고 싶지 않을 만큼 미국이 좋았던 모양이다. 비자 갱신도 못한 채 한 해, 두 해, 그렇게 계속 미국에서 살아갔다. 미국 대통령이 새로 취임할 때 불법체류자들을 구제해 주는 특사를 베풀 때가 있는데, 이들은 이에 실낱같은 희망을 걸고 있었다.

어느 날 한국에 있는 친구들이 그 사람 집에 놀러 왔다. 손님이 왔으니 미국 관광을 시켜주고 싶은데, 이들 부부는 자동차를 운전할 수 없었다. 불법체류자 신분이기 때문에 운전면허가 없었던 것이다. 여권 또한 유효기간이 지난 지 오래 되었지만 새로 만들 수 없었다. 여권 만들겠다고 대사관에 가면 당장 붙들려서 한국으로 추방당할 게 분명하니 말이다. 결국 일행 중 국제운전면허증을 가진 친구가 자동차를 대여해서 함께 여행을 가기로 했다. 다니던 직장에 휴가까지 내고 샌디에이고에 있는 '씨월드' (Seaworld)로 출발했다. 가는 길을 잘 몰랐던 터라 내비게이션을 따라 길을 떠났다.

그들은 내비게이션의 안내 메시지를 따라 한참을 달려갔다. 그런데 문제는 이 내비게이션이 목적지가 아닌 엉뚱한 곳으로 이들을 인도한 것이다. 이 사람들이 과연 어디로 갔을까? 그만 미국과 멕시코 사이의 국경을 넘어 버렸다. 그들은 한순간에 발이 묶였다. 정말 난처한 상황에 처했다. 집이며 자녀들이며 모든 것이 다 LA에 있는데, 불법체류자 신분으로 국경을 넘었으니 다시 돌아갈 수 없는 상황이었다. 입국 자체가 안 되기 때문이다.

광야와 사막 같은 우리 인생에 여호와의 길, 하나님의 대로가 생기면 막혔던 소통이 열리고, 잃어버렸던 방향과 목적지를 되찾게 된다. 하나님과의 소통, 자신과의 소통, 다른 사람과의 소통이 열리며, 하나님의 부르심과 인생의 목적을 명확히 발견하게 된다.

쓴 뿌리 골짜기와 교만의 산

광야와 사막에 길을 내려면 먼저 해야 할 일이 있다. 그것은 바로 울퉁불퉁하고 들쑥날쑥한 지형을 평탄하게 고르는 작업이다. 우리의 인생 가운데 하나님이 원하시는 소통의 길을 찾고, 부르심의 대로를 내는 것도 마찬가지이다. 그래서 이사야 선지자는 골짜기가 돋아나고 산이 낮아져서 평지가 될 것을 계속해서 선포한다.

골짜기마다 돋우어지며 산마다, 언덕마다 낮아지며 고르지 아니한 곳이 평탄하게 되며 험한 곳이 평지가 될 것이요 여호와의 영광이

나타나고 모든 육체가 그것을 함께 보리라 이는 여호와의 입이 말
씀하셨느니라(사 40:4-5)

이 말씀의 배경이 되는 '땅'은 원래 여호와의 길과 하나님의 대로가 만들어져야 할 평탄한 지형이었다. 지금은 고르지 않고 험한 곳이지만, 원래는 그곳이 '평지'였다. 그런데 무슨 이유에서 인지 구덩이가 생기기 시작한다. 사람에 의해서인지 자연 현상에 의해서인지 모르지만, 조그맣게 시작된 구덩이는 어느새 크고 깊은 골짜기가 되었다. 그리고 골짜기가 파이면서 생겨난 흙 무더기는 '산'이 되었다. 골짜기가 깊이 파일수록 산은 점점 높아진다. 그렇다면 골짜기가 '돋우어지면' 산이 '낮아진다'. 계속해서 골짜기가 돋우어지고 산이 낮아지다 보면, 곧 평지가 되고 길이 난다.

골짜기와 산은 하나님이 우리의 쓴 뿌리를 어떻게 보시는지 설명할 수 있는 좋은 비유이다. 여기서 말하는 골짜기는 '쓴 뿌리' 골짜기이다. 우리의 삶 가운데 일어난 사건과 경험, 느낌과 감정 등에 의해 우리의 내면이 파이고 파이면 엄청나게 크고 깊은 골짜기가 된다.

산은 무엇에 비유할 수 있을까? 산은 '교만의 자리'이다. 쓴 뿌리의 골짜기가 깊으면 깊을수록, 겉으로 드러나는 산은 더욱 크고 높아진다. 마치 사람들 앞에서 자신의 어떠함을 자랑하려는 듯 말이다. 즉 교만한 사람일수록 쓴 뿌리가 깊고 무성하다고 할

수 있다.

그렇다면 쓴 뿌리의 골짜기가 돋아나고, 교만의 산이 낮아질 때 형성되는 평지는 무엇을 의미하는 걸까? 바로 '하나님의 선하심'이다. 하나님의 선하심을 가시화한 것이 곧 '하나님의 대로'요, '여호와의 길'이다.

이 비유를 통해 알 수 있는 것처럼, 쓴 뿌리 치유는 '깊고 커다란 골짜기를 돋우는 작업'이라고 정의할 수 있다. 그리고 교만과 자만, 인본주의적이고 세속적인 것으로 이루어진 산을 허물어 낮추는 것이다. 돋우고 낮추는 작업을 언제까지 해야 할까? 치유의 과정은 우리가 주님 나라에 갈 때까지 계속되어야 한다. 그것이 바로 예수 그리스도를 닮아가는 '성화의 길'이기 때문이다.

끊임없이 돋우고 낮추는 삶을 살아가다 보면 어느덧 평지가 완성되어 있을 것이다. 그러면 어느 날 불현듯 예수 그리스도께서 우리를 찾아오신다. 신랑 예수님은 그곳에 난 대로를 통해 우리를 만나러 오셔서, 신부인 우리를 불러 맞이하신다. 이것이 치유 사역을 하는 이유이자 궁극적인 목적이다.

닫아 놓은 골짜기의 문을 열라

우리 각자의 내면에 자리한 쓴 뿌리 골짜기의 깊이는 아무도 감지할 수 없다. 오직 주님만이 그 깊이를 아신다. 주님은 그것을 어떻게 아실까? 그분은 근본 하나님의 본체이면서도 하나님과 동등 됨을 취하지 않으시고, 오히려 죽음으로써 자신을 십자가에 낮추신 분이기 때문이다. 주님은 십자가의 수치와 고통, 고난과 죽음을 통해 우리의 쓴 뿌리 골짜기 가장 밑바닥까지 내려가셨다. 그리고 그곳에서 우리를 기다리신다. 왜 하필 그곳에서 기다리시는지 아는가? 골짜기가 돋우어져야 산이 낮아지는 걸 아시기 때문이다. 주님은 다름 아닌 '우리'를 위해 밑바닥까지 내려가셨다. 인류의 죄와 상처, 어두움으로 가득 찬 골짜기 속으로 들어가신 것이다. 그러니 주님께 이렇게 물어야 한다.

"주님! 제 골짜기는 얼마나 깊습니까?"

쓴 뿌리 골짜기를 채우고 있는 내용물은 사람마다 다르다. 인정받지 못함에 대한 상처일 수도 있고, 이루지 못한 꿈일 수도 있다. 또는 자신에 대한 거짓 메시지일 수도 있다. 실패하거나 거절당한 기억, 말과 행동과 정서적인 폭력을 골짜기에 채워 놓은 사람도 있다. 문제는 오만 가지 쓴 뿌리로 가득한 내면의 골짜기가 '밀봉되어 있다'라는 사실이다. 그래서 자기 힘으로는 도지히 열 수 없다. 그러므로 쓴 뿌리 치유는 골짜기를 덮고 있는 뚜껑을 여는 것부터 시작되어야 한다.

불법체류로 투옥되었다가 출소된 한국 사람들을 만나 이야기를 들어보면, 하나같이 가슴 아픈 사연뿐이다. 왜 불법체류를 무릅쓰고 미국에 와야 했는지, 그렇게 미국에 온 뒤에 어떻게 살았는지 그 속사정을 들어보면 안타깝기만 하다. 바로 이런 사람들 내면을 들여다보면, 쓴 뿌리로 가득 찬 골짜기들이 있다.

그러나 아무리 깊고 어두운 골짜기라도, 입에 담을 수도 없는 끔찍하고 심각한 문제가 켜켜이 쌓여 있어도 괜찮다. 그곳에는 반드시 치료자이신 예수 그리스도가 계시기 때문이다.

지금 당장 자신의 내면을 들여다보자. 그리고 그곳, 그 깊은 골짜기 가운데 계신 주님을 만나기 바란다. 이제는 그분과 함께 쓴 뿌리를 가리고 있는 뚜껑을 열기를 소망한다.

진리와 은혜의 빛을 받아들일수록 골짜기는 돋우어지고 산은 낮아진다. 그렇게 평지가 만들어져서 여호와의 길이 만들어지고 하나님의 대로가 나면, 그 길을 통해 우리의 신랑 되신 예수 그리스도가 오실 것이다.

높이 쌓은 산꼭대기에서 내려오라

산은 우리의 교만, 자만심을 상징한다. 쓴 뿌리 골짜기는 숨겨져 있기 때문에 잘 보이지 않아 심지어 자기 자신조차 모를 수도 있다. 하지만 산은 드러나기 마련이다. 사람들에게 자신을 드러내고 표현하고 싶어서 높이 쌓아 올렸기 때문이다. 이는 인정받고, 관심을 끌고 싶은 욕구의 표현이라고도 할 수 있다. 이렇게 산을 쌓는 목적은 사람마다 다르다. 돈, 학벌, 외모 등 저마다 다른 산을 쌓는다. 가슴 아픈 사실은 산을 높이 쌓아 올릴수록 하나님 앞에서 '죄'가 될 수 있다는 것이다.

골짜기는 깊어질수록 상처가 되고, 산은 높아질수록 죄가 된다. 쓴 뿌리 골짜기를 해결할 수 있는 길을 찾지 못하면 자기 스스로 '바벨탑'을 쌓기 때문이다. 깊고 깊은 골짜기 밑바닥으로 파고 들어가는 한편, 교만의 산꼭대기를 향해 더 높이 올라가고 싶어 한다. 즉 자기 자신을 높이려고 한다. 한 번 올라가면 거기서 내려오려 하지 않는다. 바로 그 점이 큰 문제이다. 우리는 자신이 쌓은 산꼭대기에서 내려오려 하지 않는다.

성경 인물 중에도 이런 사람이 많았다. 그중에서 대표적인 사람이 '삭개오'이다. 그는 동족의 손가락질과 이방인의 비웃음을 받으며 살았다. 그러나 표면적인 조건만 보면 사실 삭개오는 성공한 사람이다. 그는 남부럽지 않은 부를 누리며 살았다. '부의 산'을 높이 쌓아 갔다. 그런데도 그는 예수님을 만나고 싶어 했다. 아니 먼발치에서 보기라도 했으면 좋겠다는 소망을 품었다. 왜 그랬을까? 쓴 뿌리 골짜기 때문이다. 태어나면서부디 겪어야 했던 아픔과 슬픔을 묻어놓은, 깊고 어두운 골짜기가 삭개오를 붙들고 있었다.

그 삭개오가 사는 마을에 예수님이 지나가신다는 소식이 들려온다. 이에 삭개오는 한달음에 예수님 계신 곳을 찾아간다. 그런데 예수님을 보고 싶어 하는 인파가 좀 많이 몰려들었겠는가? 작고 왜소한 체격의 삭개오로서는 고개 한번 내밀 수 없는 상황이었다. 그때 삭개오가 취한 조치가 놀랍다. 그는 자신의 평생 주무기를 사용한다. 바로 곁에 있던 뽕나무에 올라가는 것이다. 단 하나의 목적, 예수님을 보기 위해서였다. 그 행동은 삭개오가 얼마나 안타깝고 슬픈 삶을 살아왔는지, 그가 지금 얼마나 아프고 힘든 상태인지, 그의 미래가 얼마나 어둡고 답답한지, 그의 골짜기가 얼마나 깊고 넓은지를 그대로 보여 주는 '상징'이다.

예수님은 뽕나무에 매달린 삭개오를 향해 "속히 내려오라!"고 말씀하신다(눅 19:5). 삭개오는 예수님의 말씀이 떨어지기 무섭게 뽕나무에서 내려간다. 그리고 자신의 집에 예수님을 모시어 식사를 대접한다. 예수님과 함께하는 시간 가운데 돌덩이 같던 그의 마음이 녹아내린다. 그의 골짜기가 드러나기 시작한 것이다. 이에 삭개오는 자신의 어리석음과 죄악을 시인하게 된다.

> 삭개오가 서서 주께 여짜오되 주여 보시옵소서 내 소유의 절반을 가난한 자들에게 주겠사오며 만일 누구의 것을 속여 빼앗은 일이 있으면 네 갑절이나 갚겠나이다(눅 19:8)

그는 정직하지 않은 방법으로 모은 재산임을 인정하고, 4배로 배상하겠다며 공언한다. 이는 쓴 뿌리와 그 열매를 인정하는 고백이다. 비로소 산꼭대기에서 내려와 골짜기의 문을 열어젖혔다. 그러자 놀라운 일이 벌어졌다. 주님이 베푸시는 역사로 삭개오가 회복되고 자유를 찾게 되었다.

> 예수께서 이르시되 오늘 구원이 이 집에 이르렀으니 이 사람도 아브라함의 자손임이로다(눅 19:9)

주님은 우리를 향해서도 "내려오라!"고 말씀하신다. 우리가 올라가 앉아 있는 그 산꼭대기에서 말이다.

높이 쌓은 산, 우리는 모두 그 위에서 살아가고 있다. 자신을 우러러보기를 원한다. 자신을 인정해 주기를 원한다. 골짜기에 상실감과 결핍, 집착이 쌓여갈수록 점점 더 높이 올라가려고 안간힘을 쓰며 발버둥 친다. '교만의 산'은 끝이 없다. 만족도 없다. 더 높이 쌓고 싶고, 더 올라가고 싶을 뿐이다. 신앙의 연륜이 쌓이고 중요한 직분을 받으면, 골짜기가 돋아나고 메워질까? 그렇지 않다. 절대 메워지지 않는다. 산꼭대기에 올라가 내려올 생각이 전혀 없으니 그렇다. 다시 말해 자신이 쌓은 산 위에서 사람들에게 인정받고 싶기 때문이다. 그렇게 견고한 산을 허물지 않으니 골짜기가 돋아질 리가 없다.

삭개오처럼 치유 받고 회복되고 싶은가? 온전하고 건강한 그리스도인으로 살기 원한다면, 즉시 내려와야 한다. 그 산에서 내려와 주님 앞에 서야 한다. 그리고 꽁꽁 닫아 놓은 골짜기의 문을 열어야 한다. 무시당하고 멸시받아 생긴 골짜기, 실패와 실망으로 생긴 골짜기, 가난의 수치 때문에 생긴 골짜기, 잘못된 결혼 생활로 생긴 골짜기, 사랑하는 사람에게 버림받고 배신당해서 생긴 골짜기…. 그렇게 깊이 파인 골짜기의 문을 주님과 함께 열어야 한다.

쓴 뿌리는 치유될 수 있다

인생을 흔히들 굽이굽이 고갯길에 비유한다. 사람들은 이것만 넘으면 평탄한 길이 나올 거라 믿으며 힘겹게 고개를 넘는다. 그런데 이게 웬일인가? 눈앞에 더 높은 고개가 나타난다. 골짜기와 산이 계속해서 나타난다. 이것이 바로 인생이다.

우리를 하나님 아버지께 나아갈 수 있게 하는 유일한 '길'이 바로 주님이시다(요 14:6). 그분은 우리 인생에 그런 길이 되어주기 원하신다. 그래서 골짜기를 돋우고 산을 낮춰서 평지를 만드신다. 그리고 그 위에서 진리와 생명의 길이 되어 주신다. 울퉁불퉁하고 들쑥날쑥하고 거친 비포장도로 같은 우리 인생길을 거침없이 쭉 뻗은 고속도로로 회복시킬 분은 오직 주님뿐이다.

그분은 우리에게 내려오라고 말씀하신다. 산에서 내려오고, 골짜기 밑바닥으로 내려오라고 도전하신다. 내려오라는 것은 곧 '포기'하라는 말이다. 지금까지 내 것이라고 꼭 쥐고 있던 권리를 내려놓고, 내가 쌓아놓은 모든 것을 뒤로하고, 내가 중요하게 여기던 모든 것을 버리고, 내 생각대로 되어야 한다는 모든 고집을 꺾으라고 하신다. 산꼭대기에 전부 벗어놓고, 있는 그대로의 모습으로 "내려오라!"고 말씀하신다. 이런 준비가 되어 있어야 한다. 그래야만 하나님이 그분의 때에 우리를 회복시키신다.

내가 사는 캘리포니아에는 지진이 자주 일어난다. 그래서 이 지역에 사는 사람들은 지진을 대비해서 항상 비상용품을 갖춰 놓는다. 라디오나 손전등, 식수와 신분증 같은 것을 언제라도 쉽게 챙겨서 뛰어나갈 수 있도록 개인별로 배낭에 꾸려놓는다. 이 배낭은 대개 출입구 근처에 보관하는데, 한국 사람들은 그 안에 라면이나 햇반 같은 비상식량을 넣기도 한다. 그래서 정기적으로 물품을 체크해야만 한다. 물이나 음식처럼 유통기한이 있는 용품들은 그때그때 확인해서 교체해야 하기 때문이다. 사실 참 귀찮은 일이지만, 해야만 하는 일이다. 왜인가? 언제 어떤 일이 일어날지 모르기 때문이다.

하나님이 치유해 주시는 손길도 마찬가지이다. 우리는 주님이 언제 어떤 방법으로 역사하실지 아무도 모른다. 30년이 넘는 세월 동안 치유 사역자로 섬겨온 나도 모른다. 다만 가장 적당한 때에 행하실 거라는 사실만 알고 믿을 뿐이다. 그러니 늘 깨어 준비해야 한다.

하나님이 우리를 치유하기 위해 임하셨는데, 그 부분에 대해 아무런 준비도 되어있지 않다면 어떻게 되겠는가? 주님께 조금만 기다려달라고 할 수 없지 않은가. 골짜기에서 올라오고 산에서 내려오고 싶다면, 치유하고 자유롭게 하는 주님의 은혜를 경험하고 싶다면, 평지의 대로를 통해 오시는 신랑 예수님과 어린 양의 혼인 잔치에 참여하고 싶다면, 준비해야 한다. 하나님께 치유를 받으려면, 하나님이 우리를 고치실 수 있도록 하려면, 우리가 기본적으로 준비해야 할 것이 있다. 이 책을 읽는 것도 그중 하나다. 상담을 받거나 치유 세미나에 참석하는 것도 좋다. 하지만 가장 필요한 준비는 하나님을 향해 열려 있는 삶을 유지하는 것이다.

하나님이 낯설면 안 된다. 신앙생활이 무의미하게 느껴지고, 경건 생활이 짐스럽고 부담스러우면 안 된다. 하나님을 예배하고 그분께 기도하는 것이 어색하고 불편하면 느껴지면 안 된다. 어떤 이유에서든 하나님과의 사이가 '막히면' 치유가 이뤄질 수 없다. 혹시 그런 상황에 처해 있는가? 그런 상태에서도 아무것도 행하지 않고 있다면, 치유의 역사를 기대하지 말아야 한다. 하나님과의 관계가 올바르지 않으면, 절대 치유가 일어날 수 없다.

착하게 살아야 한다거나, 경건 생활을 잘해야 한다거나, 더 많은 기도와 헌신을 쏟아야 한다거나, 더 큰 믿음을 가져야 한다고 말하는 것이 아니다. 하나님과의 사이가 '막혔다'는 것은 하나님이 내게서 멀어지셨다고 느끼는 것을 말한다. 내가 하나님으로부터 멀어졌고, 그게 바뀌지 않을 거라고 생각하는 상태를 말한다. 어떤 삶을 살고 있느냐는 그리 중요한 문제가 아니다. 중요한 것은 하나님을 향해 마음이 열려 있는, 그리고 하나님과의 관계가 막힘없이 유지되는 상태이다. 하나님과의 사이에 막힌 담이 없다면, 하나님을 가깝게 느끼고 친근하게 여긴다면 삶의 문제는 그분의 은혜와 진리로써 자연스럽게 해결된다. 우리는 스스로에게 이렇게 질문해야 한다.

'하나님을 향해 마음이 열려 있는가?'
'하나님 가까이에 있는가?'

아브라함, 모세, 다윗, 베드로 같은 위대한 신앙의 선배들도 그들의 내면에 수많은 골짜기와 산이 있었다. 그들도 우리와 별반 다르지 않았다. 하지만 그들은 골짜기를 돋우고 산을 낮추시는 주님의 은혜를 체험했다. 평지 가운데 하나님의 대로가 나는 것을 보았다.

그 비결은 오직 하나이다. 그들은 자신의 어떠함에 상관없이 하나님께 가까이 나아갔다. 늘 연약하고 범죄를 저지르며 하나님의 백성 구실을 못 한 채 살았지만, 그들은 절대 하나님에게서 멀어지려 하지 않았다. 그것이 하나님의 회복과 치유의 역사를 가능하게 한 비결이다.

골짜기는 어떻게 돋아지는가? 산은 어떻게 낮아지는가? 오직 주님의 은혜로만 가능하다. 이론과 지식, 방법이나 경험이 아니라 우리의 열린 마음을 통해 역사하시는 하나님만이 하실 수 있는 일이다. 주님은 우리에게 세상 어떤 것으로도 채울 수 없는 목마름이 있으며, 그것은 주님을 통해서만 채울 수 있다고 말씀하셨다.

> 하나님이 모든 것을 지으시되 때를 따라 아름답게 하셨고 또 사람들에게는 '영원을 사모하는 마음'을 주셨느니라 그러나 하나님이 하시는 일의 시종을 사람으로 측량할 수 없게 하셨도다(전 3:11)

> 명절 끝날 곧 큰 날에 예수께서 서서 외쳐 이르시되 누구든지 '목마르거든' 내게로 와서 마시라 나를 믿는 자는 성경에 이름과 같이 그 배에서 생수의 강이 흘러나오리라 하시니(요 7:37-38)

영원히 목마르지 않을 생수의 강을 끊임없이 맛보는 기적은 누구에게 주어지는가? 바로 예수 그리스도를 믿는 사람이다. 주님이 우리를 위해 행하신 일, 지금도 우리 안에서 행하고 계시며 장차 완성하실 일을 인정하고 받아들이는 사람 말이다.

골짜기는 계속해서 돋우어질 것이다. 산도 낮아질 것이다. 어쩌면 이런 역사는 주님 나라가 임할 때까지 계속될지도 모른다. 분명한 것은 돋아나고 낮아져서 평지가 된 길을 통해 우리 주님이 오신다는 사실이다. 그리고 우리의 이름을 부르시며 품에 꼭 안아 주실 것이다. 내게도 그러실 줄 믿는다.

"임삼식, 이리 와. 내가 안아 줄게. 불편한 몸으로 지금까지 살면서 참 고생 많았어. 이제 울지 마. 울지 말고 내 품에 안기렴."

그날이 언제가 될지는 나도 잘 모른다. 다만 주님과 만날 날을 기대하면서 기뻐할 뿐이다. 이것이 바로 진정한 치유와 회복의 소망이 아닐까?

그러므로 하나님 앞에 부지런히 나아가자. 절대 그분에게서 멀어지면 안 된다. 그래야 산에서 내려와 골짜기의 문을 열 수 있다. 최소한 잠가 놓은 문고리라도 풀어야 하지 않겠는가? 문이 열리는 바로 그 순간부터, 주님 앞에서 골짜기가 돋아나기 시작한다. 또한 산도 낮아진다. 우리가 하나님 앞에 나아가 그분을 예배할 때마다, 그분의 말씀에 귀 기울일 때마다, 그분의 말씀을 묵상할 때마다, 그분을 부르짖을 때마다 조금씩 조금씩 변화는 시작된다. 돋아나고 낮아지는, 그리고 평탄케 하시는 역사가 임한다.

주님이 하신다. 주님이 고치고 싸매신다. 주님이 회복시키고 자유롭게 하신다. 그러므로 여전히 우리에게는 넉넉한 소망이 있다.

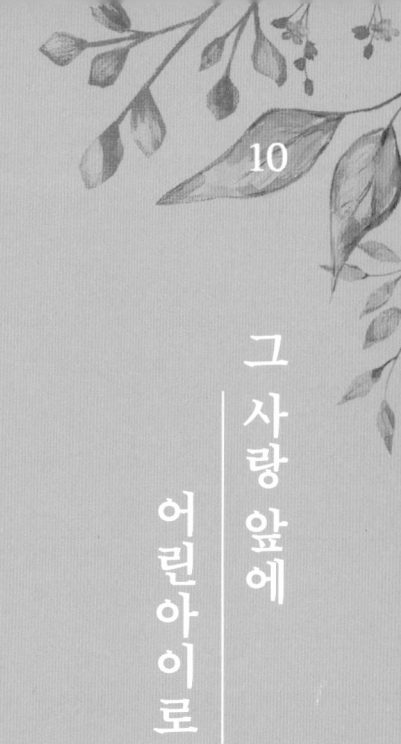

10
그 사랑 앞에 | 어린아이로 서라

그 때에 예수께서
대답하여 이르시되
천지의 주재이신 아버지여
이것을 지혜롭고 슬기 있는 자들에게는
숨기시고
어린 아이들에게는 나타내심을
감사하나이다
옳소이다 이렇게 된 것이
아버지의 뜻이니이다
_마 11:25-26

10. 그 사랑 앞에 어린아이로 서라

기억 너머에 숨겨진 쓴 뿌리의 원인

혹시 주변에서 이런 이야기를 들어본 적이 있는가? 아니면 어쩌면 우리 자신도 습관처럼 이런 말을 하고 있지는 않은가?

"나도 내가 왜 그러는지 모르겠어!"

"내가 미쳤나 봐. 도대체 왜 이럴까?"

"왜 그렇게 말했을까?"

"내가 왜 그랬지?"

도서히 이해할 수 없는 행동을 하는 자신을 발견해 당황스럽거나 황당했던 적이 있을 것이다. 나이와 신분에 어울리지 않는 유치한 행동, 상황에 맞지 않는 이상한 실수를 한 뒤 후회하는 것이다. 이때 주변에서도 야단법석을 친다.

"너 왜 그래?"

"아니, 네가 어떻게 그럴 수가 있어? 제정신이야?"
"너 그런 사람인 줄 몰랐다. 실망이야."
하지만 도저히 그 이유를 모른다. 그러니 더 답답하고 미칠 노릇이다.

나도 그런 경험이 참 많다. 언젠가 이런 일이 있었다. 평소 나는 장난기가 많아서 어린아이를 보면 짓궂은 장난을 종종 친다. 대부분의 사람들은 예쁜 아이를 보면 칭찬을 하거나 안아준다. 그런데 나는 주로 꼬집는다. 가만히 있는 애들을 괜히 툭툭 건드리며 계속 장난을 걸다가 결국에는 애들을 울리고 만다. 그래서 늘 아내에게 야단을 맞는다.

그러던 어느 날 우리 집에 후배 가족이 놀러 왔다. 그 부부에게는 매우 어린 자녀가 있었다. 그런데 이 꼬마가 2층으로 올라가는 계단에서 자꾸 왔다 갔다 하고 있었다. 그 모습이 참 귀여웠다. 보통 어른이라면 "아무개야. 올라가면 안 돼. 내려와."라고 할 텐데, 나는 "얘, 거기 올라가면 큰일 난다! 거기 사는 뱀이 꽉 물어!"라고 말도 안 되는 거짓말을 했다. 어린아이는 농담과 진담을 구분할 수 없다. 그러니 아이는 뱀 소리를 듣고서 기절초풍할 지경으로 엉엉 울기 시작했다. 그래서 또 아내에게 야단을 맞았다. 분명 나는 예뻐서 그렇게 한 것이다. 그게 나만의 애정표현인 셈이다. 하지만 애들은 나의 장난에 열이면 열 다 운다.

'도대체 내가 왜 그럴까?'

나는 자신을 돌아보고 점검하는 시간을 정기적으로 갖는다. 그래서 그 시간에 아이들에 대하는 나의 태도를 고민했다. 그런데 아무리 골똘히 생각을 해 봐도 답이 안 나왔다. 아무리 고민을 해도 내가 왜 애들을 괴롭히는지 알 수가 없었다.

그러던 어느 날 포항에 가게 되었다. 그곳에서 우리 부부는 예수전도단 포항지부의 간사 가족과 함께 시간을 가졌다. 그 집에도 어린 딸아이가 있는데 엄청 예쁘고 귀여웠다. 같이 차를 타고 이동하는 중, 그 아이가 유치원에서 배운 '아기돼지 삼 형제' 노래를 부르기 시작했다. 조그만 녀석이 노래를 부르니 더 예쁘고 사랑스러웠다. 그래서 또 장난기가 발동했다.

"○○야, 목사님이 너희 집에 가서 자도 될까?"

"안 돼요! 오지 마세요."

아이는 정색을 하며 거절했다. 하지만 거기서 멈출 내가 아니다.

"그래도 갈래. 너희 집에서 너랑 같이 잘래."

그랬더니 이 녀석이 신경질을 내면서 안 된다고 소리를 쳤다.

"우리 집에 왜 자꾸 오려고 그래요?"

그쯤 되면 그만둬야 하는데, 나는 그게 안 됐다. 그리고 거기에 한술 더 떠서 이렇게 말했다.

"그럼 네가 목사님 집을 지어줘. 아기돼지 삼 형제처럼 살고 싶어."

"좋아요. 목사님한테도 집을 지어 줄게요."

"그래그래. 어떤 집을 지어 줄래?"

"음. 목사님한테는 나무집을 지어줄게요."

그 말을 듣고 고맙다고 해야 하는 것이 정상이다. 그런데 주책없이 그만 이렇게 대답해 버렸다.

"나무집에는 뱀이 들어와. 거기서 자면 뱀에 물려."

이 말에 아이가 흥분해서는 고사리 같은 손으로 내 등을 때리며 이렇게 소리를 질렀다.

"뱀이 못 들어오게 튼튼하게 지으면 되잖아요!"

그러고는 엉엉 울기 시작했다. 결국 보다 못한 아내는 또 한소리를 했다.

"아니, 당신은 도대체 왜 그래요? 아직도 정신연령이 애들하고 똑같으면 어떻게 해요!"

마땅히 할 말이 없어서 입을 다물고 있는데, 엉엉 울던 꼬마가 내게 이렇게 말했다.

"목사님 집을 지어주려고 하는데, 자꾸 뱀 나온다고 하면…."

아이의 그다음 말을 들은 뒤에는 나도 상처를 받고 말았다. 이 꼬마가 뭐라고 했는지 아는가?

"목사님을 가위로 오려 버릴 거예요!"

가위로 오려버린다니…! 정말 충격적이었다. 50년 넘게 살면서도 '가위로 오려 버린다.'라는 말은 난생처음 들어봤다. 아이 아빠는 어른에게 버릇없이 말했다고 아이를 나무랐다. 꾸중을 들은 아이는 또 울음을 터뜨렸다. 자초지종을 들어 보니 그 아이는 유치원에서 누가 때리거나 괴롭힐 때 '가위로 오려 버린다.'라는 말로 분노를 표현했다고 한다.

나는 그날 밤에 이런 생각 저런 생각을 하다가 하나님 앞에 나아갔다.

"주님, 어린아이를 보면 예쁘고 사랑스럽고 좋습니다. 그런데 저는 왜 이 마음을 제대로 표현하지 못 할까요? 왜 저는 아이들을 꼬집고 때리는 짓밖에 못할까요?"

하나님은 그날 밤 내게 그 이유를 가르쳐 주셨다.

나는 2살 때 소아마비를 앓았다. 그래서 2살 이후부터 어린 시절의 기억은 백지로 남아 있다. 정말 아무 기억도 없다. 기껏 기억나는 건 어머니가 어린 나를 등에 업고 병원을 쫓아다니던 장면뿐이다. 그래서 유치원에 가 본 적도 없고, 어디 놀러 다녀 본 기억도 없다. 하나님은 바로 그것을 깨닫게 하셨다. 그리고 2살 때의 내 기분과 감정으로 돌아가게 하셨고, 내 안에 있던 쓴 뿌리를 만져 주셨다. 덕분에 그날 밤 참 많이 울었다. 이후로 아이들을 괴롭히지도 않게 된 것은 물론이다. 하나님이 고쳐주셨다. 할렐루야!

자신의 삶 가운데 나타나는 쓴 뿌리의 영향을 보면, 누구나 그 원인을 찾고 싶어 한다. 처음에는 기억 속의 사진첩을 뒤진다. 하지만 기억만으로는 내면 깊숙이 자리 잡은 쓴 뿌리의 원인을 발견할 수 없다. 사람의 기억은 불확실하고 부정확하다. 자기 처지에서 보고 느끼고 받아들인 것만 기억하기 때문이다. 그러나 그 나마도 기억을 다 못할 뿐만 아니라 제멋대로 편집되어 있기까지 하다. 따라서 쓴 뿌리를 치유 받으려면 하나님께서 우리 기억 너머에 있는 진실을 보여 주셔야 한다. 쓴 뿌리 골짜기에 있는 것들이 어디에서 왔는지 정확히 깨달아야 한다. 바로 그것을 하나님이 알려 주셔야 하는 것이다. 그래야 온전한 치유가 일어난다. 그것은 사건일 수도, 느낌일 수도, 아픔일 수도 있다.

온전한 치유는 자신의 쓴 뿌리가 무엇이며, 어디에서 왔는지 하나님께 여쭙고 들음에서부터 출발한다.

"주님. 제 쓴 뿌리는 무엇인가요?"
"그것이 왜 저의 쓴 뿌리로 자리 잡았나요?"
"어떤 일 때문인가요?"
"언제부터 그런 거죠?"
"제 기억 너머에 있는 것이 무엇인지 가르쳐 주세요."

하지만 '주님께 묻고 들으라.'고 하면 어려워하고 부담스러워하는 사람이 많다. 쓴 뿌리 치유는 둘째 치고, 하나님의 음성을 어떻게 듣냐고 묻는다. 이때 가장 먼저 고민해 봐야 할 것은 '나는 주님의 전파를 제대로 수신하고 있는가?' 하는 점이다.

주님을 알아보지 못하는 제자들

예수님이 십자가에 달려 돌아가시자 겁에 질린 제자들은 다 도망쳐 버렸다. 그중 두 사람이 '엠마오'라는 곳을 향해 가고 있었다. 무척이나 지친 모습으로 힘없이 터덜터덜 걸어간다. 이때 그들의 입에서는 투덜대는 소리가 끊임없이 흘러나온다.

"지금 생각해 봐도 주님의 죽음은 너무 끔찍했어. 어쩜 그렇게 허무하게 가실 수가 있지?"

그때 마침 한 남자가 나타나 그들과 동행하게 되었다. 놀랍게도 그는 부활하신 주님이었다. 그런데 그보다 더 놀라운 일이 벌어졌다. 바로 예수님의 제자인 두 사람이 예수님을 알아보지 못한 것이다.

> 그들의 눈이 가리어져서 그인 줄 알아보지 못하거늘(눅 24:16)

눈이 가려져서 예수님을 알아보지 못했다고 한다. 물론 이 눈은 영적인 눈을 말한다. 다르게 표현하면 '마음'이라고도 할 수 있겠다. 즉 마음이 가려지면 눈이 제 기능을 하지 못한다는 말이다. 두 눈 멀쩡히 뜨고 있으면서 아무것도 보지 못하는 것이다.

하나님의 뜻을 분별하는 것도 마찬가지이다. 마음이 가려지면 하나님이 무엇을 원하시는지 알 수 없다. 뒤집어서 말하면 무슨 의미인가? 지금 나를 향한 하나님의 뜻이 무엇인지 모른다면, 하나님이 내게 원하시는 바가 무엇인지 모른다면, 하나님의 뜻을 분별할 수 없다면, 그것은 내 마음이 가려져 있다는 뜻이다.

  물론 주님이 죽음을 이기고 거룩하게 부활하신 몸으로 나타나셨으니 몰라볼 수밖에 없다고 생각할 수도 있다. 그러나 아무리 그래도 늘 뵙던 주님의 모습이었을 텐데, 3년 동안이나 주님과 동고동락한 사람들이 알아보지 못했다는 것은 좀 실망스러운 일이다. 그들은 주님인 줄 알아보지도 못하고, 그분의 음성도 듣지 못했다. 이처럼 엠마오로 가는 두 제자에게 하나님의 '계시'가 끊어졌다. 구약의 사사 시대처럼 말이다(삼상 3:1). 계시의 근원이신 주님이 곁에 계셔도 전혀 반응하지 못했다. 이사야 선지자가 지적한 것과 같은 상황이다.

> 소는 그 임자를 알고 나귀는 그 주인의 구유를 알건마는 이스라엘은 알지 못하고 나의 백성은 깨닫지 못하는도다(사 1:3)

계시는 숨겨진 것을 드러내는 것이다

성경에서 말하는 '계시'(啓示, revelation)란 '감춰진 것이 드러남'을 말한다. 우리는 해가 지고 어두워지면 창문에 커튼을 친다. 즉 가려져서 바깥이 보이지 않는다. 하지만 아침이 되어 커튼을 열면 바깥 풍경을 볼 수 있다. 드리워진 커튼을 젖혀서 볼 수 있게 하는 것, 성경에서 말하는 계시가 이런 의미이다. 중요한 의미가 있는 동상이나 기념비의 완공을 공포하는 제막식을 통해서도 계시의 의미를 알 수 있다. 초청된 인사가 테이프를 자르거나 줄을 잡아당기면, 덮어 놓은 천이 벗겨지면서 동상이 드러난다. 가려지고 덮여 있는 것이 벗겨져서 실체와 실물이 드러난다. 성경은 이것을 '계시'라고 말한다.

바울 사도는 이 계시를 '총명'(聰明, understanding)이라는 단어로 바꿔서 사용했다.

> 이는 그가 모든 지혜와 총명을 우리에게 넘치게 하사 그 뜻의 비밀을 우리에게 알리신 것이요 그의 기뻐하심을 따라 그리스도 안에서 때가 찬 경륜을 위하여 예정하신 것이니(엡 1:8-9)

> 그들의 총명이 어두워지고 그들 가운데 있는 무지함과 그들의 마음이 굳어짐으로 말미암아 하나님의 생명에서 떠나 있도다(엡 4:18)

총명을 가진 사람은 하나님의 비밀스러운 뜻까지 '알 수' (understand) 있지만, 총명이 어두워진 사람은 무지와 굳은 마음 때문에 결국 하나님을 떠나게 된다고 말한다. 바꿔 말해 계시가 끊어지면 하나님으로부터 멀어졌다는 의미로도 해석할 수 있다. 왜냐하면 계시와 총명의 궁극적인 목적은 하나님을 앎이기 때문이다(엡 1:17). 어떤 문제나 갈등, 그리고 선택의 갈림길에 섰을 때 우리는 '어떻게 해야 하는가'를 깨닫는다. 그러나 하나님이 계시와 총명을 허락하시는 궁극적인 목적은 바로 '하나님을 앎'이다.

여기서 하나님을 '안다'는 말은 지식이나 정보로 앎이 아니라, 경험을 통해서 앎을 말한다. 정보로 앎과 경험해서 앎은 하늘과 땅 차이이다.

맛있다고 소문이 자자한 한 음식점이 있다. 이를 두고 이런 대화가 오갈 수 있다.

"그 음식점 소문 들어봤어? 맛이 끝내준다고 하던데, 정말 그렇게 맛있어?"

맛있다고 말할 때 다음과 같이 두 부류의 사람이 있다.

"응, 맛있대. 사람들이 맛있다고 하던데?"

"응, 진짜 맛있어. 가서 먹어 보면 깜짝 놀랄걸?"

전자의 대답은 아직 자기도 먹어 보지 못한 경우이다. 대답해 줄 수 있는 건, 여기저기서 귀동냥으로 들은 정보뿐이다. 하지만 후자의 대답을 한 사람은 경우가 다르다. 이런 대답은 오직 먹어 본 사람만이 할 수 있다. 그러니까 남에게도 자신 있게 권할 수 있다. 계시와 총명으로 하나님을 앎도 이런 의미이다. 결국에는 하나님이 계시와 총명을 우리에게 주셔야만 그분을 알고, 그분의 뜻도 깨달을 수 있다.

그렇다면 엠마오로 가는 길에서 예수님을 알아보지 못한 제자들은 어떻게 된 걸까? 부활하신 주님이 직접 찾아오기까지 하셨는데, 계시와 총명의 은혜를 안 주셨을 리가 없다. 문제는 무엇인가? 주님은 우리에게 계속해서 말씀하고 계시는데 우리가 보지 못하고, 듣지 못하는 것이다.

> 예수께서 이르시되 너희가 길 가면서 서로 주고받고 하는 이야기가 무엇이냐 하시니 두 사람이 슬픈 빛을 띠고 머물러 서더라(눅 24:17)

두 제자 모두 슬퍼하며 길을 가고 있었다. 사랑하는 스승이 그렇게 비참하게 돌아가셨으니 당연히 슬펐을 것이다. 그런데 그 슬픔이 어떤 부작용을 일으켰는가? 두 제자의 마음의 눈을 가려 버렸다. 너무 슬퍼서 뭘 어떻게 해야 할지 몰랐다. 소위 말해 그들은 정신줄을 놓아 버렸다. 우리가 풀리지 않는 인생의 문제와 갈등의 현장에서 하나님의 뜻을 분별하기 힘든 이유가 바로 이것이다.

사람은 자신이 생각하는 것보다 훨씬 더 크게 기분과 감정의 영향을 받는다. 그래서 <mark>힘들 때일수록 문제와 상황을 객관적으로 보아야 한다.</mark> 쓴 뿌리를 치유할 때, 상처의 이유와 시작점을 주님께 물어보라고 함도 그 때문이다. 자신의 기억이나 경험, 느낌으로 감 잡으려 하다 보면 제멋대로 흘러갈 가능성이 높다.

미련함, 계시와 총명이 끊어지다

슬픔에 사로잡혀 눈이 가려진 제자들에게 주님은 이렇게 말씀하셨다.

이르시되 미련하고 선지자들이 말한 모든 것을 마음에 더디 믿는
자들이여(눅 24:25)

왜 이렇게 미련하고 더디게 믿느냐고 책망하시는 걸까. 앞서 야곱의 형 에서를 '망령된 자'라고 했던 것을 기억하는가? 누가복음에서의 미련함은 망령됨과 같은 의미이다. 에서의 망령됨은 '하나님의 거룩한 것을 썩어질, 그리고 세상에서 가치 있는 것과 맞바꾸는' 것이었다.

그렇다면 제자들의 미련함, 즉 망령됨은 무엇이었을까? 그동안 왜 예수님을 따라다녔는가? 과연 그들이 예수님을 따라다닌 목적, 그 동기는 무엇이었을까? 안타깝게도 예수님은 그들이 바라는 대로 세상의 왕좌로 가지 않으셨다. 오히려 그들이 너무나 싫어하고 꺼리는 십자가의 자리로 가셨다. 거룩한 것을 속된 것과 바꿔 먹으려는 제자들이 보기에는, 예수님의 최후가 너무나 비참하고, 처절하며, 끔찍한 실패처럼 보였다. 아예 죽어 버렸으니 재기의 가능성도 없고 말이다.

그래서 슬펐다. 비명횡사하신 스승 때문이 아니라 자기들의 무너진 꿈 때문에 슬펐다. 그러면서 제자들의 마음이 슬슬 달라졌다. 예수님이 누구도 감당 못 할 권위로 말씀을 전하시고, 놀라운 기적과 이적을 일으키시던 때와는 판이했다. 상황이 달라졌기 때문이다. 그러니 예수님에 대한 마음 또한 예전 같을 수 없었다. 눈에서 멀어지니 마음에서도 멀어졌다.

왜 하나님을 만나야 하는 인생의 중요한 시점에 계시와 총명이 끊어질까? 미련함과 망령됨, 즉 '쓴 뿌리' 때문이다. 쓴 뿌리 때문에 마음이 하나님으로부터 떠나 있기 때문이다. 앞서 언급했듯이 바로 이것이 하나님과의 관계가 '막혀 있는' 상태이다.

'꾀, 촉, 감, 깡, 끼'

하나님이 이런 것을 우리에게 주신 것은 그분을 경험하고, 동행하며, 인도받게 하려 하심이다. 그런데 우리는 이 기능을 가지고 하나님이 아니라 세상을 먼저 경험했다. 하나님이 아니라 세상에 들어가 살고, 하나님이 아니라 세상을 따라가는 데 악용했다. 전부 세상에 빼앗겨 버렸다. 솔직히 하나님께는 그중 몇 퍼센트나 드렸을지 의문이다.

진화론으로부터 나온 유물론적 자아상과 인생관, 적자생존의 논리에 따라 부익부 빈익빈을 합리화하는 사회 구조, 물질주의적 가치관, 성공지향주의, 인본주의로 가장한 이기주의와 자아숭배 등등…. 이런 것에 매여서 평생 세상만 바라보며 살아왔다. 그러니 세상에 대해서는 민감하고 빠르지만, 주님에 대해서는 둔하고 더딜 수밖에 없다. 하나님과 그분 나라에 대해서는 서툴기 그지없는 '초보자'인데, 세상 것에 대해서는 능수능란한 '전문가'이다. 신앙에서는 '어린아이'인데, 세상적인 것에서는 '어른'인 것이다.

마태복음 11장에서 주님께서 하신 말씀이 이해가 된다.

> 그 때에 예수께서 대답하여 이르시되 천지의 주재이신 아버지여 이것을 지혜롭고 슬기 있는 자들에게는 숨기시고 어린 아이들에게는 나타내심을 감사하나이다 옳소이다 이렇게 된 것이 아버지의 뜻이니이다(마 11:25-26)

상식적으로 말이 안 된다. 똑똑하고 말귀를 잘 알아듣는 사람에게는 일부러 안 가르쳐 주고, 집중력 없고 철없는 아이들에게는 보여준다니! 대체 이게 무슨 말인가?

하지만 이제는 이해해야 한다. 지혜롭고 슬기 있는 자와 어린아이가 의미하는 바가 무엇인지를 말이다. 그걸 모르면 이 말씀은 풀리지 않는다. 예수 그리스도의 메시아 되심, 즉 복음은 세상의 것에 빠삭한 자가 아니라 세상의 것을 잘 모르는 어린아이 같은 사람에게 주어진다는 의미이다.

왜 그럴까? 세상 물정에 빠삭한 사람은 세상에서 인정받는다. 세상을 향한 꾀와 촉과 감과 깡과 끼가 아주 차고 넘친다. 그런데 안타깝게도 하나님에 대해서는 미련하기 이를 데 없다. 즉 알아듣지 못한다는 것이다.

"하나님, 왜 나한테는 아무런 말씀도 하지 않으세요?"

이런 불평을 늘어놓기 전에 한 번 생각해봐야 한다. 하나님 나라와 세상, 이 둘 중에서 어느 방면에 머리가 더 잘 돌아가는가? 사람은 잘 돌아가는 쪽의 소리만 듣게 되어 있다. 신경을 안 써도, 노력을 안 해도 그냥 들린다. 그쪽 소리는 정확하게 알아듣도록 귀를 개발한 것이다.

  분명히 예수 그리스도를 구주로 영접했고, 오직 하나님 한분만을 믿으며, 신앙 연륜도 꽤 오래 쌓았다. 그런데 아직도 하나님의 뜻을 분별하는 자리에만 가면, 혼란 가운데 헤매고 있는 이들이 있다. 그래서 하나님께 뭘 물어본다는 것이 뜬구름 잡는 소리 같고, 부담스럽기만 한 것이다. 그런 이는 분명히 지혜롭고 슬기 있는 사람일 것이다. 물론 세상에서 말이다.

  이제는 세상을 향하고 있는 안테나를 하나님 쪽으로 돌려야 한다. 하지만 그것은 기도 몇 번 하고. 책 몇 권 읽고, 세미나와 훈련 좀 받는다고 한 방에 이뤄지지는 않는다. 평생 세상을 향해 뻗어 있던 안테나가 한순간에 움직일 리 없지 않은가? 그것을 바꾸는 일은 정말 어렵고 힘들다. 생각해 보자. 물 만난 고기처럼 세상에서 능력을 발휘하며 일주일을 열심히 보낸 사람이, 주일 날 교회 와서 설교 한두 번 듣는다고 변화되지 않는다. 설교 한 번에 인생이 바뀐다니 말도 안 되는 소리다. 물론 하나님의 초자연적인 은혜가 임하면 가능하다. 충분히 변화될 것이다. 하지만 그렇지 않다면 달라지는 것은 거의 없다. 나도 목회자이지만 솔직히 설교 한 방으로 사람이 변할 거라고 기대하는 건 도둑놈 심보라고 생각한다. 주일 오전에 말씀을 들어도 저녁이면 다 잊어버리고, 주중에 성경을 읽지도 않고 묵상도 안 하는 사람이 있다.

  그렇게 세상의 것으로 가득 찬 사람의 심령이, 세속적 가치관과 인본주의의 종노릇 하고 있는 사람의 사고가, 예수 그리스도 쪽으로 방향 전환을 하려니 하루아침에 될 리가 없다. 세상에 빠져 있는 생각을 사로잡아 하나님께 가져오지 않는 한, 하나님을 향해 열려 있는 성숙한 삶을 살 수 없다.

눈과 마음을 열어 주는 '떡'과 '말씀'

그렇다면 과연 주님은 제자들의 가려진 눈과 마음을 어떻게 열어 주셨을까?

> 그들과 함께 음식 잡수실 때에 떡을 가지사 축사하시고 떼어 그들에게 주시니 그들의 눈이 밝아져 그인 줄 알아 보더니 예수는 그들에게 보이지 아니하시는지라(눅 24:30-31)

늘 그렇듯이 주님은 제자들과 함께 식사하는 자리를 마련하신다. 주님은 떡을 축사하신 후 떼어서 두 사람에게 주신다. 바로 그때 그들의 눈이 밝아졌다.

먼저 살펴볼 점은 '떡'이다. 이 떡은 매우 특별한 떡이다. 우리 주님이 축사하신 떡이기 때문이다. 예수님의 식탁에서 떡이 의미하는 바는 무엇이었을까? 마가의 다락방에서 열두 제자와 마지막 식사를 하실 때도 주님은 떡을 떼어 주시면서 이렇게 말씀하셨다.

> 또 떡을 가져 감사 기도 하시고 떼어 그들에게 주시며 이르시되 이
> 것은 너희를 위하여 주는 내 몸이라 너희가 이를 행하여 나를 기념
> 하라 하시고(눅 22:19)

떡은 '우리를 위해 찢으신' 주님의 몸을 상징한다. 주님은 찢긴 몸인 떡을 축사하셨다. 여기서 축사는 하나님께 감사 기도함을 의미한다. 놀랍게도 사람들은 이 감사 기도를 통해 자신이 받아먹는 떡의 참 의미, 영적인 의미를 깨닫는다. 이것이 바로 계시와 총명이다. 눈이 열려 본질을 보게 되었으니 말이다. 정말 놀라운 일이다.

그런데 제자들의 눈이 열리는 순간, 불현듯 예수님이 사라지신다.

> 그들이 서로 말하되 길에서 우리에게 말씀하시고 우리에게 성경
> 을 풀어 주실 때에 우리 속에서 마음이 뜨겁지 아니하더냐 하고
> (눅 24:32)

깜짝 놀란 제자들은 서로 대화를 나눈다. 예수님과 함께 걸을 때, 그분이 설명하시는 말씀을 듣는 동안 마음이 뜨거웠다고 말한다. 주님께서 감사 기도를 하고 떡을 나눠 주자 받은 사람의 눈이 열렸고, 주님이 풀어 주시는 말씀이 그들의 돌 같은 마음을 녹였다. 즉 떡을 통해서 '영안'이 열리고, 말씀을 통해서 '심령'이

열린 것이다.

성경은 사람의 마음이 세상 어떤 것보다 거짓투성이이며, 이미 심각할 정도로 부패해 있다고 말한다(렘 17:9). 오직 진리만이 거짓을 바로 잡는다. 그래서 하나님의 말씀만이 단단하게 굳은 마음을 뜨겁게 녹일 수 있다. 시대가 가고 세대가 바뀌어도 계속해서 말씀을 듣고, 읽고, 묵상하고, 암송함을 강조하는 이유가 바로 여기 있다.

살아 계신 하나님의 말씀에 자꾸만 부딪히고 깨어져야 세상을 향해 굳어졌던 안테나가 조금씩 돌아선다. 엉뚱한 곳을 가리키던 나침반이 하나님을 찾아 제자리로 간다. 이것이 바로 사고 체계가 바뀌고, 가치관이 뒤집어지는 놀라운 변화이다.

어린아이의 것을 축사하시는 주님

우리는 '계시'와 '총명'을 통해 하나님을 알아가야 한다. 하지만 우리의 눈과 마음이 세상을 향해 뻗어 나갔다. 이것은 창세기 3장에서 일어난 왜곡과 그로 인한 범죄에 해당한다. 눈과 마음이 거짓되고 왜곡된 세상의 것에 익숙해지면서, 인간은 다양한 상처와 아픔을 겪는다. 즉 수치심과 두려움, 상실감의 골짜기가 생긴다. 상처와 아픔이 깊어질수록, 우리는 더욱더 세상에 매달리고 세상의 것을 추구하게 된다. 그러는 가운데 결핍과 집착, 중독의 산이 쌓여간다. 이런 관점에서 보면, 진정한 쓴 뿌리 치유는 세상을 향해 쏠려 있는 눈과 마음을 돌이키는 것이다. 또한 세상으로부터 돌이킬 뿐 아니라, 본래 바라봐야 할 대상을 찾아가는 것이다. 그 대상이 누구인가! 바로 '예수 그리스도'이다.

> 이러므로 우리에게 구름 같이 둘러싼 허다한 증인들이 있으니 모든 무거운 것과 얽매이기 쉬운 죄를 벗어 버리고 인내로써 우리 앞에 당한 경주를 하며 믿음의 주요 또 온전하게 하시는 이인 예수를 바라보자 그는 그 앞에 있는 기쁨을 위하여 십자가를 참으사 부끄러움을 개의치 아니하시더니 하나님 보좌 우편에 앉으셨느니라
> (히 12:1-2)

이스라엘의 어느 마을에 자리한 한 작은 집에서 어린 소년의 떼쓰는 소리가 들려온다. 소년은 무슨 일 때문인지 꼭두새벽부터 몸부림을 치며 부모님을 졸라댄다.

"아빠, 우리는 안 가? 엄마, 우리도 가자. 빨리 가자. 응?"

아빠가 소년을 꾸짖는다.

"이 녀석아, 가긴 어딜 가! 아빠가 일을 해서 돈을 벌어야 집세도 내고, 맛있는 것도 사 먹을 거 아니냐?"

"그래도 싫어요! 동네 사람들은 다 가는데 왜 우리만 안 가요? 우리도 가요. 네?"

옆에 있던 엄마가 마지못해 대답한다.

"알았다, 알았어. 엄마가 옆집 요한이 아빠한테 너를 데려가 달라고 부탁해 놨어. 그 아저씨랑 같이 갔다 오렴. 잘 보고 들었다가 나중에 아빠 엄마에게 얘기해 줘야 해."

소년이 사는 마을의 이름은 벳세다이다. 이 작고 평범한 시골 동네 벳세다에 예수 선생님이 오신다는 소문이 들려왔다. 온 이스라엘이 예수 선생님에 대한 이야기로 술렁이던 차였다. 그분께 가기만 하면 죽은 자가 살아나고, 병든 자가 고침 받고, 문제가 해결된다고 하니 그럴 만도 하다. 예수 선생님이 오신다는 소문에 벳세다는 난리가 났다. 아침 일찍부터 수많은 사람이 예수님께서 말씀을 전하신다는 들판으로 나아갔다.

소년의 엄마는 아침 일찍 일어나 점심때 먹을 도시락을 만들어 주었다. 사실 도시락이라고 해 봤자 보리 떡 5개와 구운 물고기 2마리가 전부였다. 맛도 없고 떼어먹기도 힘든, 그래서 가난한 사람들도 잘 먹지 않는 보리 떡에 소금으로 간을 해서 주먹밥처럼 만든다. 아빠도 어디에서인가 생선 2마리를 구해다가 불을 피워 굽고 있다. 이런! 잠깐 한눈을 파는 사이에 생선이 그만 타고 말았다. 아까우니 버릴 수도 없고 해서 시커먼 부분을 대충 뜯어낸다. 그렇게 도시락이 완성되었다. 엄마는 도시락을 젖은 베 보자기에 말아서 소년의 허리에 묶어준다.

"점심때 먹어라. 요한이 아빠 뒤만 따라다녀야 한다. 알았지?"

드디어 집을 나선 소년은 예수 선생님이 계신 곳으로 간다. 사람들이 벌써 구름떼처럼 모여 있다. 자그마한 어린아이의 키로는 예수님이 보이지 않는다. 무리 지어 서 있는 어른들 때문이다. 소년은 자신을 데리고 간 요한이 아빠에게 다급히 말했다.

"아저씨, 우리 다 끝나고, 저 나무 밑에서 만나요!"

소년은 말이 끝나기가 무섭게 사람들 사이를 요리조리 빠져나가기 시작했다. 마침내 소년은 예수님이 계신 곳에 다다르게 되었다. 하지만 옆에 있는 털보 아저씨의 커다란 손이 머리를 짓누르는 바람에 쪼그려 앉을 수밖에 없었다.

가만히 보니 한 남자가 앉아서 무슨 이야기를 열심히 하고 있었다. 랍비 분위기가 나는 걸 보니 저 양반이 예수 선생님인 것 같다. 모인 사람들에게 뭔가를 열심히 말씀하시는데, 소년은 무슨 말인지 도통 알아듣지 못한다. 하지만 소년은 귀를 쫑긋 세운 채 예수 선생님의 말씀에 바짝 집중했다. 하나도 빠뜨리지 않고 기억해야만 엄마에게 제대로 이야기해 줄 수 있기 때문이다.

시간이 흐르자 슬슬 졸음이 오기 시작한다. 너무 일찍 일어난 탓에 자꾸 눈이 감긴다. 급기야 이제는 배도 고프다. 불현듯 배꼽시계의 알람이 울린다. 소년은 허리춤에 있는 도시락을 자꾸만 만지작거린다. 엄마가 만들어 주신 보리 떡 5개와 아빠가 구워 주신 물고기 2마리가 들어 있는 도시락 말이다.

그때 털보 아저씨와 예수 선생님이 대화하는 소리가 들려온다.

"선생님, 어떻게 하죠? 여기 모인 사람 모두에게 밥을 먹이려면 2백 데나리온이 넘게 필요할 것 같습니다. 그런데 우리한테 그만한 돈은 없어요."

"그래?"

"돈이 있어도 문제죠. 이 들판에서 그 많은 음식을 어떻게 구합니까?"

"그렇구나."

그런데 좀 이상하다. 예수 선생님이 수염 난 아저씨와 그 옆에 모여 있는 사람들을 자꾸만 흘끔흘끔 훔쳐보는 것이다. 마치 그 아저씨들이 어떻게 하나 관찰하는 것처럼 말이다. 소년은 문득 허리춤의 도시락이 생각났다. 다시 조심스레 만져본다. 그때 엄마가 늘 해 주던 말이 떠올랐다.

"콩 한 쪽이라도 친구와 나눠 먹어야 해. 그게 하나님이 기뻐하시는 거야. 그리고 더불어 사는 것이고."

소년은 문득 '예수 선생님은 먹을 게 있나?' 궁금해졌다. 그래서 무심코 예수 선생님 쪽으로 고개를 돌렸다. 그런데 이게 웬일인가? 예수 선생님도 소년을 보고 계셨다. 그 순간 선생님의 눈과 소년의 눈이 마주쳤다. 예수 선생님은 소년을 보며 웃으셨다.

하지만 소년은 선생님을 더는 쳐다볼 수가 없었다. 한 번도 그런 눈빛을 본 적이 없었기 때문이다. 소년의 마음을 다 알고 있는 것 같은, 하지만 전혀 두렵거나 부끄럽게 여겨지지 않는 눈빛이었다. 소년은 자기도 모르게 도시락을 매어 놓은 허리춤의 끈을 풀기 시작한다. 그리고는 마치 무엇에 이끌리듯, 옆에 있는 털보 아저씨의 손을 잡아 흔든다. 수줍고 멋쩍은 표정으로 아저씨의 손에 도시락 꾸러미를 쥐여 준다. 아무도 거들떠보지 않는 초

라한 도시락 꾸러미를 말이다.

꾸러미를 펼쳐 본 아저씨가 소년에게 묻는다.

"이게 뭐냐?"

소년은 너무 부끄러워서 아무 말도 못 한 채 아래만 내려다보고 있다. 소년은 결국 손가락을 들어 예수 선생님을 가리켰다.

"선생님 드리라고?"

소년이 고개를 끄덕이자, 털보 아저씨는 예수님께 다가가 큰 소리로 말했다.

"선생님, 한 아이가 이것을 내놓았습니다!"

예수 선생님은 도시락을 보시고 매우 기뻐하셨다.

"오, 어서 가져오세요!"

소년의 도시락을 받아 든 예수 선생님은 자리에서 일어나 하늘을 보셨다. 그리고 초라하기 이를 데 없는 보리 떡 5개와 물고기 2마리를 축사하셨다. 축사를 마친 후에는 옆에 서 있는 털보 아저씨를 부르셨다.

"이 음식을 이곳에 있는 사람들에게 골고루 나눠 주세요."

털보 아저씨는 황당하다는 표정을 지었지만 따져 묻지는 않았다. 털보 아저씨를 포함한 몇몇 아저씨들이 바쁘게 움직이기 시작한다. 선생님이 도시락에서 음식을 꺼내 주시는 대로 사람들에게 나누어 주었던 것이다.

그런데, 대체 이게 웬일일까! 정말 엄청난 일이 일어났다. 도시락에 있던 음식은 분명히 보리 떡 5개와 생선 2마리뿐이었는데, 선생님 손에서 음식이 계속해서 나오는 게 아닌가! 아무리 꺼내도 끝이 없다. 소년은 지금 보고 있는 장면이 도저히 믿어지지 않는다. 몇 번이고 눈을 비벼 보지만, 꿈은 아닌 듯하다. 그때 예수 선생님의 눈이 소년의 눈과 또 마주쳤다.

예수 선생님은 소년을 향해 미소를 지으신다. 다정한 눈빛을 보내며 어서 오라고 손짓하신다. 소년은 멈칫거리다 곧 예수 선생님을 향해 뛰어간다. 예수 선생님은 말없이 소년을 품에 안으신다. 소년은 그분의 힘과 체온을 느끼며 눈물을 흘린다. 이에 예수 선생님은 커다란 손으로 소년의 등을 다독이신다. 소년의 눈물을 닦아 주신 예수 선생님은 소년의 머리에 손을 얹고 축사하셨다.

예수 선생님은 자리에서 일어나시며 말씀하셨다.

"남은 음식을 버리면 안 된다. 한데 모아라."

그렇게 실컷 먹고 남은 음식을 다 모아 보니 열두 광주리나 되었다. 예수님의 말씀은 계속 이어졌다.

어느덧 해가 지고 석양이 붉게 물들어 간다. 말씀을 마친 예수 선생님과 그분의 제자들은 자리를 털고 일어났다. 함께 모여 예수님의 말씀을 들었던 무리도 슬슬 자신의 집으로 돌아간다. 음식으로 빵빵해진 배를 쓰다듬으면서 말이다. 예수님은 소년을 번쩍 들어 안으시고 머리를 쓰다듬어 주신다. 그리고 이렇게 말씀하신다.

"내가 너를 축복한다."

이제 예수 선생님은 떠나가신다. 소년은 한동안 자리를 떠나지 못한 채, 멀어지는 예수님과 제자들의 뒷모습을 지켜보고 있다.

원래 우리의 눈과 마음이 가 있어야 할 대상인 주님을 향해 나아감, 그것이 바로 궁극적인 쓴 뿌리 치유이다. 쉽게 말해 주님이 말씀하신 어린아이 같이 사는 삶이다. 즉 세상에 대해서는 어린아이요, 주님께 대해서는 그리스도의 장성한 분량이 충만한 아비로 살아가는 것이다. 그래서 오늘도 주님은 어린아이 같은 이들의 떡을 축사하시고, 말씀을 풀어주셔서 치유와 회복의 삶을 살게 하신다.

진리와 사랑의 뿌리

우리는 세상에 대해 어린아이가 되어야 한다. 그렇게 주님 앞에 설 때, 주님께서는 어린아이에게 허락된 계시와 총명을 부어주시며 치유의 역사를 행하신다. 그러면 내면의 쓴 뿌리에도 변화가 온다.

바울 사도는 그리스도인에게서 자라나야 할 두 가지 뿌리에 대해 언급하고 있다. 그중 첫 번째는 '진리의 뿌리'이다.

> 이 복음이 이미 너희에게 이르매 너희가 듣고 참으로 하나님의 은혜를 깨달은 날부터 너희 중에서와 같이 또한 온 천하에서도 열매를 맺어 자라는도다(골 1:6)

바울 사도는 모든 것을 배설물처럼 여기게 만든 예수 그리스도의 십자가 복음이 각 사람과 온 세상 가운데 열매를 맺고, 또 앞으로도 계속해서 열매 맺을 것을 선포한다. 구체적으로 설명하고 있지는 않지만, 이 말 속에는 한 가지 전제가 깔려 있다. 바로 '뿌리'가 있다는 사실이다. 열매 맺고 자라나는 식물에는 반드시 뿌리가 있다.

진리의 복음이 어린아이 같은 옥토의 심령에 떨어져 싹을 틔운다. 이에 진리의 뿌리가 내면세계에 건강하게 자리 잡게 된다. 이 진리의 뿌리를 통해 개인과 교회는 예수 그리스도를 증거하며 그분의 나라와 의를 구하는 삶을 살게 된다.

두 번째는 '사랑의 뿌리'이다.

> 이러므로 내가 하늘과 땅에 있는 각 족속에게 이름을 주신 아버지 앞에 무릎을 꿇고 비노니 그의 영광의 풍성함을 따라 그의 성령으로 말미암아 너희 속사람을 능력으로 강건하게 하시오며 믿음으로 말미암아 그리스도께서 너희 마음에 계시게 하시옵고 너희가 사랑 가운데서 뿌리가 박히고 터가 굳어져서 (엡 3:14-17)

그리스도를 마음에 모심으로 속사람이 치유 받아 건강을 되찾으면, 쓴 뿌리가 떠나간 자리에 '사랑의 뿌리'가 다시 자리를 잡는다고 말한다. 우리는 바로 이 사랑의 뿌리를 통해, 지식을 뛰어넘는 예수 그리스도의 사랑을 깨닫는 '지혜'와 '총명'을 얻게 된다.

> 능히 모든 성도와 함께 지식에 넘치는 그리스도의 사랑을 알고 그 너비와 길이와 높이와 깊이가 어떠함을 깨달아 하나님의 모든 충만하신 것으로 너희에게 충만하게 하시기를 구하노라 (엡 3:18-19)

주님의 사랑을 가장 분명하고 완벽하게 보여주는 증표가 무엇인가? 바로 '십자가'이다. 그렇다면 주님이 십자가에서 계시하신 사랑의 입체성, 즉 바울 사도가 말한 넓이와 길이와 높이와 깊이는 무엇을 말하는가? 이는 '모든 사람을 위함'이라는 말이다. 누구나 품을 수 있을 만큼 높고, 넓고, 광대하다. 즉 하나님의 사랑과 그리스도의 구속하는 은혜에서 누구도 제외되지 않는다. 도저히 빠져나갈 자가 없을 만큼 크다는 말이다. 이것이 바로 넓이와 길이를 말한다. 그 정도로 주님의 사랑은 무한하다. 그야말로 끝이 없다. 어떤 죄악도, 어떤 죄인도 하나님의 사랑 안에서는 아무런 문제가 되지 않는다.

그렇다면 높이와 깊이는 무엇을 의미하는가? 우리가 높음과 깊음을 생각할 때 떠올려야 할 게 있다. 바로 '쓴 뿌리 골짜기'와 '교만의 산'이다. 상처가 깊을수록 골짜기는 깊어지고, 산은 높이 올라간다. 하지만 주님은 아무리 깊은 골짜기라고 해도 그곳에 계시며, 아무리 높은 산이라 해도 그곳에 임하신다. 가장 밑바닥에 계시며, 또한 가장 높은 꼭대기에 계신다. 아무리 깊은 상처와 지독한 교만 가운데 있다 해도, 주님이 못 고치고 회복시키지 못할 사람은 없다. 주님은 모든 쓴 뿌리와 모든 사람을 치유하신다.

그러므로 그리스도의 사랑 앞에서는 제외될 자가 없다. 누구든지 예수 그리스도를 구주로 믿으면, 구원받고 회복되는 역사를 체험할 것이다.

우리는 바로 그 사랑 앞에 있다. 끝없이 좌절하고, 실패하고, 넘어지고, 무너져도, 아무리 슬프고 고통스러운 쓴 뿌리 가운데 있어도 괜찮다. 한없이 넓고, 크고, 높고, 깊은 그 사랑이 언제든지 우리를 받아주시며, 누구도 거절하지 않을 것이기 때문이다.

지금 이 순간 우리에게 주님의 그 사랑이 계시되기를 소망한다. 누구도 제외되지 않는 그 넓은 사랑으로, 우리는 매일 들어가야 한다. 언제나 우리를 향해 열려 있는 그 사랑, 세상에 쫓겨 지치고 피곤한 심령을 부르시는 하나님의 품으로 나아가야 한다.

우리가 있는 곳이 어디든 상관없다. 우리가 아버지를 부를 때, 곧 하나님의 임재를 경험하게 된다. 깊고 어두운 골짜기 밑바닥이든, 높고 험한 산꼭대기이든 상관없다. 주님과 우리가 만나는 바로 그곳이 지성소가 된다. 그곳에서 우리는 세상이 줄 수 없는 안식과 위로를 얻는다.

그 사랑이 우리 가운데 있다. 그 사랑이 우리를 고치고 회복시킨다. 이것이 바로 쓴 뿌리를 치유하시는 하나님의 방법이다.

쓴 뿌리

지은이　　임삼식

2018년 11월 22일 1판 1쇄 펴냄
2019년 1월 10일 1판 2쇄 펴냄

펴낸곳　　도서출판 예수전도단
출판 등록　1989년 2월 24일(제2-761호)
주소　　　서울특별시 마포구 성시 1길 7 (합정동)
전화　　　02-6933-9981 · **팩스** 02-6933-9989
전자우편　publ@ywam.co.kr
홈페이지　www.ywampubl.com

ISBN 978-89-5536-576-4

책값은 뒤표지에 있습니다.
잘못된 책은 바꾸어 드립니다.